생각끄기연습

생각끄기연습

아무것도 하지 않는 시간의 힘

올가 메킹 지음 | 이지민 옮김

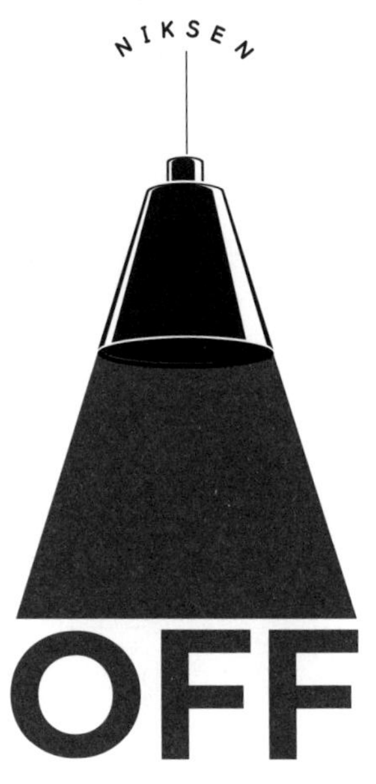

다산초당

한국어판 서문

죄책감도 조바심도 없이 아무것도 하지 않을 용기

2019년 5월, 《뉴욕타임스》에 닉센(NIKSEN)에 관한 첫 기사를 쓸 때만 해도 전 세계적으로 이렇게 큰 반향을 불러일으킬 거라고는 생각하지 못했다. 덕분에 한국을 포함한 15개국에 책을 출간하게 되었으니 정말 기쁜 일이다.

지난 10년간 여러 전문가와 인터뷰를 진행하며 연구한 결과에 따르면, 우리에겐 정말로 휴식이 필요하다. 심지어 업무 효율성을 높이기 위해서도 말이다. 이때 휴식은 아무것도 하지 않는, 심지어 생각조차 잠시 꺼놓는 것이어야 한다. 뇌를 충분히 쉬게 할 때 우리는 일상의 행복을 느낄 수 있고, 창의적이고 생산적으로 일할 수 있으며, 중요한 순간에 더 나은 의사 결정을 내릴 수 있다. 하지만 우리가 아무것도 하지 않으려는 순간 성가신 방해꾼이 나타난다. 바로, 죄책감이다.

생산성 전문가이자 저명한 저자인 크리스 베일리(Chris Bailey)는 이렇게 말한다.

"죄책감은 우리가 바쁘게 일하는 걸 미덕이라고 생각한다는 증거입니다. 조금이라도 요령을 피우거나, 쉬면 게으른 사람, 빈둥대는 사람으로 보일까 봐 전전긍긍하죠."

죄책감에서 벗어나려면 우리의 상황을 재구성할 필요가 있다. 성실하게 일하는 행위를 폄하하려는 건 아니다. 노력을 중시하는 문화를 가진 나라는 빠르게 성장하며, 행복도가 높은 경우가 많다. 그러니, 성실함의 가치는 높이 평가해도 좋다. 하지만 지나친 노동은 삼가야 한다. 과로하면 쉽게 우울해지고 몸이 아프기도 하다. 업무 효율도 낮아지고, 번아웃이 찾아올 뿐이다. 우리는 휴식을 취하는 순간, 조용한 시간, 고독한 시간의 중요성도 인정해야 한다. 아무것도 하지 않는 시간을 확보한다면 만성 스트레스에 시달리던 생활에서 벗어나 몸과 마음을 건강하게 충전할 수 있을 것이다.

닉센은 우리에게 어떤 요구도 하지 않는다는 점에서 참으로 매력적이다. 아늑한 소파나 안락의자 같은 것이 있다면 더 좋겠지만 닉센을 하는 데 반드시 필요한 것들은 아니다. 닉센을 하기 위해서 무언가를 사거나 무슨 일을 따로 할 필요는 없다. 그런 점에서 우리 삶의 질을 당장 높일 수 있는 가장 쉽고 확실한 방법이다.

삶의 질을 높이고 일과 가정에서의 모든 일에 대한 몰입을 높인다는 점에서, 닉센을 다른 자기계발 트렌드나 건강관리법과 비슷하다고 생각할 수 있다. 하지만 닉센은 그 어떤 자기계발 트렌드나 건강관리법을 대체하지는 않는다. 전 세계 모든 문화에는 일하고 생활하는 저마다의 방식이 있다. 모든 문화에는 서로 본받을 만한 점이 존재한다. 닉센과 다른 문화를 비교하며 살펴보는 건 정말 흥미진진한 일이 될 것이다.

대부분의 문화에는 닉센과 비슷한 개념이 있다. 아무것도 하지 않거나 휴식을 취하거나 바람직한 방식으로 시간을 보내는 행위를 일컫는 단어나 표현이 있게 마련이다. 인터뷰나 팟캐스트를 진행하다 보면 닉센을 더 많이 하기 위해 어떻게 해야 하는지 질문을 받곤 한다. 그럴 때면 나는 이렇게 말한다.

"여러분이 이미 하고 있는 일을 찬찬히 생각해보세요. 놀랍게도 사람들은 생각보다 이미 닉센을 많이 하고 있어요!"

한국에도 닉센과 비슷한 개념인 '멍때리다'라는 표현이 있다고 들었다. 무척이나 역동적이고 바쁜 사회지만, 최근에는 불멍(불을 보며 멍때리기), 물멍(물을 보며 멍때리기)과 같은 말이 유행하면서 생각 없이 가만히 있는 시간의 필요성에 모두 동의하는 것 같다.

이 책은 매일매일 정신없이 바쁘게 보내고, 휴일조차 넷플릭스와 유튜브를 보며 뇌를 쉬지 못하는 사람들에게 온전히 나로 있는 시간을 선물하려고 한다. 많은 분이 닉센을 통해 지친 몸과 마음을 건강하게 충전할 수 있길 바란다.

2021년 6월, 네덜란드 라이스바이크에서

올가 메킹

차례

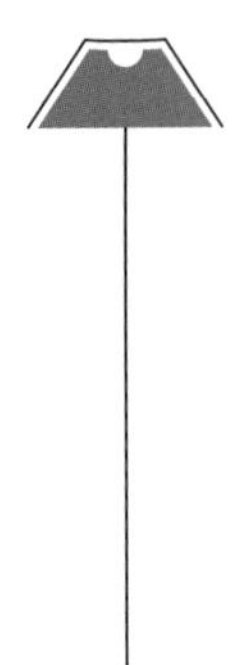

CHAPTER 2 닉센이란 무엇인가

CHAPTER 3 아무것도 하지 않으면 달라지는 것들

CHAPTER 4 | 하루 10분, 생각 끄기 연습

CHAPTER 5 | 행복은 멀리서 오지 않는다

CHAPTER 6 | 생각 끄기가 어려운 사람들을 위한 팁

프롤로그

잠시도 숨 돌릴 틈 없는 삶을 살고 있나요?

소파에 앉아 평소 나의 일상을 생각해본다. 나는 매일 아침 즐겁게 지저귀는 새소리를 들으며 늘 같은 시간에 잠에서 깬다. 침대에서 나오기 직전에는 세상을 향해 "또다시 하루를 선물한 아침에 감사하자"라거나 "이 세상에는 무한한 기회가 있다" 같은 용기를 북돋우는 주문을 외운다. 몸에 좋은 재료로 만든 음식으로 아침 식사를 하고 활기차게 하루를 시작한다.

나는 항상 차분하고 대체로 훌륭하게 행동한다. 우리 집은 눈이 부시도록 깨끗하다. 나는 아이들이 문제를 일으켜도 절대로 소리를 지르지 않는다. 언제나 침착하게 대처하며 인내심을 잃는 법이 없다. 아이들은 각자 맡은 집안일을 착실하게 해내고 정신없이 뛰어다니지 않는다. 우리 집이 나를 중심으로 착착 돌아가는 가운데 내 하루도 수월하게 흘러간다. 나는 크고 작은 방식으로 스스로 세상을 바꿨다는 뿌듯한 기분을 느끼며 잠자리에 든다.

내 삶이 늘 지금처럼 평화로웠던 것은 아니다. 한때는 피곤에 절어 있었다. 모든 일을 감당하기는 너무나 버거웠고, 아무래도 이번 생은 망한 것 같다고 확신했다. 하지만 이제는 그 어느 때보다도 자신감이 넘친다. 나는 안간힘을 쓰지 않고도 눈앞에 닥친 일을 잘해낸다. 사람들은 내 모습을 보고 경탄하며 삶에 대한 조언을 구한다.

"어떻게 그렇게 할 수 있나요, 올가?"

나는 타고난 재능이라고 대답하는 상상을 한다. 아침이 밝으면 제시간에 일어나서 그냥 그렇게 할 뿐이라고! 하지만 내가 삶의 주인이 되어 여러 가지 일을 척척 해낼 수 있었던 비결은 따로 있다. 내가 발견한 작지만 놀라운 비밀 덕이다. 무슨 비밀이냐고? 바로 닉센이다. 닉센은 아무것도 하지 않는, 심지어 생각조차 잠시 꺼놓는 네덜란드 휴식법이다. 이 작은 습관은 잠시도 숨 돌릴 틈 없던 내 삶을 완전히 바꿔놓았다.

시간에 쫓겨 허둥대는 삶

• • • • •

여러분이 나의 일상을 믿지 않아도 상관없다. 다만, 아침에 들리는 새소리만큼은 진짜다. 흔하디 흔한 알람 소리에 내가 화들짝 놀라는 모습을 몇 년 동안 지켜본 남편이, 나를 안쓰럽게 여겨 새들의 노랫소리가 흘러나오는 알람 시계를 사주었기 때문이다.

화재 경보음 같은 알람 소리를 들으면서 일어날 때보다는 확실히 낫지만 아침 시간은 여전히 만만치 않다. 나에게는 깨워서 아침을 먹이고 옷을 입힌 뒤 8시까지 학교에 보내야 하는 세 명의 아이가 있다. 스쿨버스가 도착할 무렵에는 거의 정신을 놓은 상태다. 이것은 시작에 불과하다. 아이들이 학교에 있는 동안에도 오롯이 나를 위해 쓸 시간을 확보하기란 쉽지 않다. 아이들을 돌보는 일과 집안일, 내 일, (업무 시간이 긴) 남편, 가족과 친구의 요구에 허덕이는 나는 마지막으로 아무것도 하지 않았던 때를 떠올려 보려고 애쓴다. 하지만 아무리 생각해도 떠오르지 않는다.

사실 나는 과거에 아무것도 안 하는 걸 꽤 잘했다. 어린 시절에는 침대나 아버지가 가장 아끼는 안락의자에 걸터앉아 멍하니 러그 무늬를 바라보거나 창문 밖을 내다보곤 했다. 부모님은 이따금 나더러 무얼 하고 있냐고 묻고는 집안 일이나 숙제를 하라고 말씀하셨다. 하지만 몽상에 빠질 시간은 충분했다. 몽상에 잠길 때면 기분이 참 좋았다.

지금은 어떨까? 세 아이를 둔 엄마이자 아내, 작가, 사업가인 나는 늘 시간에 쫓겨 허둥댄다. 한 손으로는 글을 쓰고 다른 손으로는 아이들을 돌보며 왼쪽 다리로 저녁을 준비하고 오른쪽 다리로 청소를 하는 기분이 들 때도 있다. 물론 내가 선택한 삶이다. 나는 이런 삶을 원했다. 하지만 그 사실을 인정한다고 내 삶이 수월해지지는 않는다. 나는 주변에 널리고 널린 사람들처럼 그저 너무너무 바쁘다.

소파에 앉아 아무것도 하지 않은 게 언제였던가. 학생 시절 한 학년이 끝날 무렵, 완전히 지친 데다 잠을 제대로 못 자 멍한 채로 널브러진 게 마지막이었다. 소파에 누워서 허공을 응시하는 일 말고는 손가락 하나 까딱할 수 없었다. 나는 퇴근한 남편을 그 자세 그대로 맞이했다. 그때만 해도 이런 식으로 지쳐 나가떨어지는 것만이 사회가 유일하게 용납하는 게으름이라고는 생각하지 못했다. 하지만 경영학 교수 칼 세데르스트룀(Carl Cederström)과 앙드레 스파이서(André Spicer)는 『건강 신드롬』에서 "질병의 매력은 우리 사회의 가장 심각한 악습으로 꼽히는 '아무것도 하지 않기'를 정당화해주는 데 있다"라고 말했다.

아무것도 하지 않는 습관에 주목하다

● ● ● ● ●

분명 무슨 일인가가 벌어지고 있었는데 그 상황이 전혀 달갑지 않았다. 너무 피곤하고 힘들었지만 그 상황에서 벗어나려면 어떻게 해야 할지 몰랐다. 지난 몇 년 동안 육아에 관한 글을 쓰면서 스트레스가 수많은 이의 삶에 얼마나 큰 영향을 미치는지, 다들 나처럼 얼마나 큰 압박 속에 살고 있는지 알게 되었다. 하지만 낯선 잡지에서 기사 한 편을 읽고 나서야 나는 이런 일이 육아에 시달리는 부모만이 겪는 문제가 아니라 훨씬 더 큰 범위의 문제라는 깨달았다.

2년 전, 헵커 페르후번(Gebke Verhoeven)이라는 기자는 네덜란드 잡지《헤존트 뉘(Gezond Nu)》에서「닉센은 새로운 마음챙김이다」라는 제목의 기사를 썼다. 기사를 읽고 나는 생각했다. '좋아, 드디어 아무것도 안 해도 좋다고 말하는 사람이 등장했군. 이제야 내가 받아들일 만한 삶의 방식이 나왔어.'

하지만 곧바로 의문이 들었다. 어떻게 아무것도 하지 않을 수가 있지? 집 안에 가만히 앉아 있으면 집이 시도 때도 없이 말을 걸어온다. 나 좀 처리해줘. 빨랫감이 조금도 매력적이지 않은 목소리로 속삭인다. 아이들의 숙제를 챙겨주었니? 양심이 묻는다. 주위를 둘러보면 마룻바닥에는 책이 널브러져 있고 개수대에는 더러운 접시가 쌓여 있다. 집에 먹을 만한 것이 하나도 없다는 사실을 알지만, 저녁 식사로 뭘 준비할지 아직 생각하지 못 했다. 얼른 자리에서 일어나 집안일을 해야 하고, 그 안에 사는 사람들(나를 제외한 모두)을 돌봐야 한다는 생각에 사로잡힌 채로 어떻게 소파에 앉아 태평하게 여유를 부린단 말인가? 새로운 일이 계속해서 느닷없이 생긴다. 자리에 앉아 쉬고 싶을 때면 아이가 아프거나 약속이 생기거나 해야 할 일이 갑자기 떠오른다. 도대체 나에게 닉센을 할 시간이 어디 있단 말인가?

하지만 호기심이 일었다. 네덜란드인들이 닉센이라 부르는 이것은 도대체 무엇이란 말인가? 내가 닉센을 못할 것은 또 뭐람? 닉센에 관해 자세히 알아보니 아무것도 하지 않는 것은, 나처럼 책임질 거리가 한가득인 사람들에게 어마어마하게 도움이 된다는 사실을 깨달았다. 아무것도 하지 않는 것은 그럴 만한 가치가 있는 일이었다.

호기심에서 출발한 연구를 토대로 나는 기사 몇 편을 썼다. 그리하여 2019년 5월, 내 이야기를 담은 기사 「아무것도 하지 않기(The Case for Doing Nothing)」가 《뉴욕타임스》에 실렸다. 며칠 후 기사는 입소문이 나면서 15만 번이나 공유되었고 7월이 되자 닉센은 세계적인 트렌드가 되었다. 내가 제대로 건드린 게 분명했다.

전 세계가 닉센에 주목했다. 각국의 언론에서 나에게 이메일을 보내 인터뷰를 요청했고 저작권사와 출판사에서 출판 계약을 제안했다. 아무것도 아닌 것에 야단법석을 떤다고 손사래를 쳤지만, 분명 닉센에는 세상 모든 이들의 마음을 끄는 무언가가 있었다.

닉센에 대한 사람들의 반응을 수집하고 분석하면서 나는 사람들이 더 열심히 노력해야 한다고 말하는 기존의 자기계발 마인드에 질렸다는 사실을 깨달았다. 모두가 닉센에 공감하는 이유 중 하나였다. 닉센은 우리가 상상할 수 있는 가장 쉬우면서도, 새로운 자기계발 방법이었다.

하지만 나는 또 한 번 놀랐다. 우리는 닉센을 도대체 어떻게 해야 하는지를 몰랐던 것이다. 아무것도 하지 않는 것은 단순해 보이지만 사실 그렇지 않다. 사람들이 나에게 닉센을 더 많이 하는 방법을 물을 때마다 그들에게 10원씩만 받았어도 아마 지금쯤 나는 백만장자가 되었을 것이다. 많은 사람이 바쁜 상태에서 벗어나는 법을 배우고 싶어 했고 이 책을 쓴 이유도 바로 그 방법을 알려주기 위해서다. 부디 세상 모든 사람들이 소파에 앉아서 닉센을 즐겨도 괜찮다는 사실을 깨닫기를 바란다.

만성 스트레스로 고통받는 사람들

• • • • •

바쁘지 않은 날이 없다. 눈만 뜨면 스트레스다. 하루하루 업무에 치여 서두르다 보니 숨이 가쁘고 초조하다. 해결책이 간절한 우리는 사방을 둘러보며 답을 찾는다. 우리에게 주어진 기대나 의무에 부응하는 데 또 다른 책이나 기사가 위안이나 도움이 되기를 바라며 해외 각국의 트렌드에도 눈을 돌린다.

2019년에 전 세계 15만 명을 대상으로 실시한 갤럽 조사에 따르면 미국인들의 스트레스 지수가 세계에서 가장 높다고 한다. 전 세계인들의 감정 파악을 목표로 한 이 조사는 긍정적인 경험('당신은 어제 많이 웃었습니까?' '어제 온종일 존중받았습니까?')과 부정적인 경험('당신은 어제 슬픔이나 고통, 걱정, 분노를 느꼈습니까?')에 관한 자료를 수집해 분석했다. 조사 결과에 따르면 미국인은 다른 나라 사람들보다 스트레스를 더 많이 받았을 뿐만 아니라, 지난 10년 동안 분노와 스트레스, 걱정을 가장 많이 느끼기도 했다.

《사이콜로지 투데이》의 온라인 기사에서 심리학자 진 트웬지(Jean M. Twenge)는 사람들은 자신이 우울하다는 사실을 인정하지 않을지 모르겠지만 심리적인 증상이 확실히 증가했다고 말한다. "너무 힘들다고 말하는 대학생이 50퍼센트나 증가했습니다. 성인들은 제대로 잠을 자지 못하고 입맛이 없으며 무슨 일이든 너무 힘들다고 말하죠. 모두 우울증의 전형적인 증상입니다. 하지만 그들에게 직접 '우울하냐고' 물어보면 '그렇다'고 대답하는 수는 1980년대나 2010년대나 크게 다르지 않습니다."

트웬지는《애틀랜틱》에 실린 기사로 유명하다. 스마트폰이 10대가 겪는 우울증에 심각한 영향을 미친다고 주장해 큰 인기를 끈 기사였다. 트웬지는 사람 간의 유대와 공동체 의식의 약화가 우울증의 원인이라고 말한다. 우리는 돈 같은 물질적인 목표와 점차 높아져만 가는 기대에 더욱 집착하는데, 알다시피 그러한 기대와 목표를 품은 채로 아무것도 하지 않기란 불가능하다.

영국의 상황도 좋지 않기는 마찬가지다. 글로벌 여론조사업체 유고브(Yougov)는 영국인의 스트레스 지수를 분석한 결과 2017년, 영국인 74퍼센트가 격한 감정에 휩싸일 만큼 스트레스를 받는다는 사실을 알아냈다. 응답자의 절반이 스트레스 때문에 건강에 나쁜 식사 습관을 갖게 되었다고 말했으며 3분의 1이 알코올 섭취량이 증가했다고 인정했다. 또한 16퍼센트가 스트레스 때문에 흡연이 늘었다고 말했다. 응답자의 절반 이상이 우울증을 경험했으며 3분의 2가 불안감을 느꼈다고 했다. 걱정스럽게도 응답자의 3분의 1은 자살 충동까지 들었다고 고백했다. 응답자들은 재정적인 문제, 성공해야 한다는 사회적 압박, 집 걱정, 사랑하는 사람의 건강 악화 등을 스트레스의 주요 원인으로 꼽았다.

《더 미러》가 2천 명을 대상으로 실시한 또 다른 조사에서는 영국인의 절반이 시간 부족에 허덕이며 대다수가 너무 스트레스를 받아 삶을 즐기지도 못하는 것으로 나타났다.

《뉴욕타임스》에 실린 내 기사가 그토록 열광적인 반응을 불러일으킨 이유를 알 듯했다. 전 세계 사람들은 하루쯤 휴가를 내고 쉬고 싶은 마음이 간절했다. 그렇다면 네덜란드처럼 휴가 일수가 넉넉하고 사회 안전망이 든든하며 워라밸이 훌륭한 나라의 사례에서 도움을 받을 수 있지 않을까?

내가 닉센에 주목한 이유

• • • • •

몇몇 비평가들은 난데없이 새로운 트렌드를 만들어냈다며 나를 비난하기도 했다. 나에게 정말로 전 세계를 들썩이게 할 트렌드를 뚝딱 만들어낼 힘과 독창성이 있다면 좋겠다. 나에게는 그런 능력이 없다. 티셔츠에 청바지 차림을 즐기는 나는 유행을 선도하는 것과는 거리가 먼 사람이다.

그러나 네덜란드에 사는 폴란드인으로서 네덜란드와 네덜란드의 관행에 관해 독특하고 객관적인 견해를 제공할 수는 있다고 생각한다. 나는 10년 전 네덜란드에 정착한 이래로 꾸준히 이 나라를 관찰하고 있다. 네덜란드인들은 자신의 문화를 잘 알고 있지만 현지인들에게는 너무 당연한 거라서 특별하게 여겨지지 않는 문화를 제대로 알려면 때때로 외부인의 관점이 필요하다. 닉센은 네덜란드인들에게는 너무 평범한 일이라 평소에는 눈치채지조차 못하는 주제였다.

하지만 비난을 받은 후, 나는 닉센이 정말 네덜란드인들의 관행이 맞는지 의심스러워졌다. 내 모국어는 네덜란드어가 아니며 나는 네덜란드에서 태어나지도 않았다. 내가 닉센을 잘못 이해한 것은 아닐까? 이곳에 살면서 네덜란드 남자와 결혼한 미국인 친구는 주변에 닉센을 하는 사람이 아무도 없다고 말했다. 한편 내가 대화를 나눈 네덜란드 사람들은 모두 내가 말하는 닉센의 의미를 바로 이해했다. 닉센을 하지 않는다고 주장하는 사람들이 있기는 했지만 최소한 모두가 닉센이라는 개념은 알았다.

작가이자 기자로서 이 나라와 이 나라 사람들을 예리하게 관찰한 결과, 닉센은 네덜란드어가 맞기는 하지만 이 단어에 특별한 의미가 담긴 것은 아님을 파악했다. 네덜란드에서 닉센이라는 단어가 지니는 의미는 반박의 여지가 없을 정도로 확실하다. 다만 네덜란드인들도 우리처럼 닉센을 하는 데 애를 먹는다. 나는 그 점이 신선하게 느껴졌다.

의식적으로든 무의식적으로든 네덜란드인들은 확실히 다른 문화나 국가보다 닉센을 쉽게 받아들일 수 있는 이상적인 환경을 구축해왔다. 하지만 네덜란드인도 아니고 네덜란드에서 살지도 않으면 닉센을 할 수 없을까? 그렇지 않다. 닉센은 네덜란드어지만 네덜란드에만 존재하는 개념이 아니다. 앞으로 살펴보겠으나 닉센과 비슷한 개념은 다른 문화에도 무수하게 존재한다.

나를 돌보는 최고의 자기계발 방법

• • • • •

먼저 한 가지 확실히 짚고 넘어가고 싶은 점이 있다. 나는 자기계발 전문가가 아니라는 사실이다. 이 책은 일반적인 자기계발서와는 다르다. 지난 몇 년 동안 닉센에 관한 연구를 하면서 글을 써야 한다고 확신했다. 우리 대부분은 닉센을 더 많이 해야 한다. 하지만 하던 일을 그만두고 닉센을 하는 방법을 아는 사람은 놀랍게도 거의 없다. 나는 이 분야

전문가는 아니지만 기사를 쓰고 이 책을 집필하기 위해 광범위하게 연구했다. 하지만 여러분에게 닉센을 하라고 설득하려니 약간 우려가 된다. 나는 특별한 경우를 제외하고는 자기계발서를 되도록 멀리했기 때문이다. 다만, 육아서는 예외였다. 10년 전에 처음 엄마가 되었을 때 나는 좋은 부모가 되어야 한다는 생각에 사로잡혀 관련 주제를 다룬 책을 손에 잡히는 대로 읽었다.

흥미롭게도 내가 읽은 책 가운데 부모로서 내 능력에 확신을 준 책은 단 한 권도 없었다. 오히려 정반대의 일이 일어났다. 마음이 더 불편해졌다. 육아서와 자기계발서는 짐짓 우려하는 척하지만 거만한 말투로 일방적인 대화를 시도한다는 점에서 비슷하다. 전문가는 어쩔 수 없이 우리의 방식이 얼마나 잘못되었는지, 우리의 삶이 얼마나 개선될 수 있는지를 보여주려 한다. 한참이 지나서야 나는 이런 책은 나를 행복하게 하기는커녕 더욱 불안하게 한다는 사실을 알아차렸고 그만 읽기로 했다. 나의 육아 기술은 조금도 나아지지 않았다.

기존의 자기계발서를 비난하는 자기계발서라는 모순을 피하기는 어렵겠지만, 이는 이 책의 중요한 부분이기도 하다. 나는 닉센이 일반적인 자기계발 트렌드와는 다르다고 생각한다. 책을 다 읽을 무렵에는 여러분도 나와 같은 생각을 하게 될 것이다. 우선 다른 자기계발 트렌드와 달리 닉센은 우리더러 자기 자신을 바꾸거나 개선하라고 말하지 않는다. 신선하지 않은가?

이제는 건강을 관리하는 것도 자기계발의 일종이라고 여겨진다. "건강은 우리 삶의 모든 부분에 파고들었다. (……) 건강은 우리가 일하고 생활하고 공부하고 섹스하는 방식을 지배한다." 칼 세데르스트룀과 앙드레 스파이서는 『건강 신드롬』에서 이렇게 말한다. 그들은 건강 관리가 사람들에게 해를 가한다고 강조한다. "건강이 이념이 될 경우 이에 순응하지 않는 사람에게는 낙인이 찍힌다" "건강한 신체는 생산적인 신체"라고 여겨지듯 행복도 그렇게 되는 것이다. 행복하고 건강한 것이 사회적 의무가 되고, 그렇지 못하면 우리는 사회의 짐이 된다.

경제학 교수이자 『행복하게(Happy Ever After)』의 저자인 폴 돌런(Paul Dolan)은 결국 우리는 자신의 행복에 책임질 것을 기대받는다고 말한다. 하지만 현실적으로 행복을 추구하는 과정에는 즐거움이 빠져 있다. 해야 할 일, 챙겨야 할 것, 신경 써야 할 것들만 잔뜩이다. 돌런은 이런 사고방식에서 사람들이 무엇을 원하고 생각하고 느껴야 하는지 결정해주는 사회적 내러티브를 본다. 이 같은 서사는 우리를 행복하게 하지 않는다. 게다가 건강 관리는 사람들이 발 벗고 나서서 기존의 방법과는 다른 대안을 찾는 움직임으로 여겨질 수 있다. 이는 부분적으로만 긍정적인 변화다. 어떠한 라이프 스타일을 선택하는지가 건강에 영향을 미친다는 사실도 중요하기는 하지만 이는 단순히 개인적인 문제가 아니기 때문이다. 건강한 식단은 중요하지만, 그걸 고수한다고 암을 치료할 수 있는 것은 아니다. 누구나 쉽게 이용할 수 있는 믿을 만한 의료 서비스와 사회 안전망이 더욱 중요하다. 게다가 건강 관리는 트렌드는 이런 책임을 단체나 정부, 사회 전체에서 도움과 지원이 필요한 개인에게로 떠넘길 가능성이 있다.

이 같은 생각에 동의하는 이들이 있다. 가브리엘 위넌트(Gabriel Winant)는《더 뉴 리퍼블릭》에서 바버라 에런라이크(Barbara Ehrenreich)의 『건강의 배신』을 다루며 건강 관리를 "강압적이고 착취적인 의무: 삶을 유지하는 것과는 거리가 먼 끝없는 의료 검사, 약품, 관행, 일시적으로 유행하는 운동"이라고 묘사한다.

더군다나 많은 건강서에서는 사람들, 특히 여성들에게 계속해서 자신을 개선하라고 말한다. 우리는 정신이나 신체 그리고 주위의 모든 것에 공을 들여야 한다. 헬스장에 가고 요가를 하라! 집을 청소하라! 열심히 일하라! 열심히 일하지 않으면 포기하는 사람, 실패한 사람이 되고 말기 때문이다. "모든 것이 되라는 압박은 우리 대부분을 아무짝에도 쓸모없는 사람처럼 느끼게 만든다." 심리학자이자 작가, 세 명의 자녀를 둔 엄마이자《워싱턴 포스트》같은 권위 있는 매체에 기고하는 메리 위딕스(Mary Widdicks)는 말한다.

게다가 대부분의 건강 트렌드는 우리가 이것이 모두를 위한 궁극적인 해결책이라고 믿기를 바란다. 『무조건 행복할 것』이나 『네 가지 성향(The Four Tendencies)』 같은 책을 비롯해 팟캐스트에서 행복이나 생산성에 관해 정기적으로 논하는 그레첸 루빈(Gretchen Rubin)은 "다른 이들이 그리는 이상형에 자신을 끼워 맞춘다면 나만의 가치에 도달할 수 없습니다"라고 반박한다. 우리는 각자 자신에게 맞는 방법을 찾아야 한다.

완벽한 존재라는 허상

• • • • •

이토록 다양한 트렌드와 철학은 물론 당장 효과를 기대할 수 있는 해결책까지 넘쳐나는데 굳이 또 다른 방법이 필요할까? 인터뷰에서 자주 받는 질문이다. 놀랄 일도 아니다. 아무것도 하지 않는 것은 새로운 개념이 아니기 때문이다.

하지만 닉센은 단순히 아무것도 하지 않는 것이 아니다. 닉센에는 그보다 많은 의미가 담겨 있다. 모두가 정신없이 바쁜 삶을 사는 오늘날, 아무 생각 없이 분주하게 뛰어다니기를 거부하기란 분명 쉽지 않다. 닉센의 개념에 익숙해진다면 바쁜 삶을 거부하기도 한결 편해질 것이다. 닉센은 여러분을 덜 바쁘게 만드는 데 도움이 된다.

하지만 바쁨은 문제의 일부일 뿐이다. 삶의 모든 영역에서 느끼는 압박도 문제다. 직장에서는 최선을 다해야 한다(낭비하는 시간 없이 나날이 생산성을 올리도록!). 집은 늘 말끔하게 잘 정리되어 있어야 하며(그런 방법이 있다면 알려주기를!), 아이들을 창의적으로 또 예의 바르게 행동하도록 길러야 하고(아이를 망치는 온갖 방법을 알려주는 책을 읽도록!), 아이들에게 스포츠를 비롯한 기타 흥미로운 체험 활동을 시켜줘야 한다. 배우자나 파트너를 위한 내조나 외조도 잊지 말기 바란다. 우리 자신의 건강과 높은 기대는 또 어떤가? 식습관은? 스피룰리나(소고기보다 200배 많은 단백질을 함유한 해조류)와 케일을 먹었나? 최근에 헬스장에 갔는가? 다음번 마라톤에 뛸 준비는 끝났는가? 끝없는 요구 사항을 듣자 듣자 하니 화가 치미는가? 그렇다면 마음챙김 워크숍에 참석해서 더욱 차분한 내가 되어보는 것은 어떨까?

우리는 우리 자신이 현실에는 없는 존재가 되기를 기대

한다. 우리는 우리 자신이 언제나 모두를 위해 모든 것이 되기를 바란다. 현대사회에서 인간으로 살기란 정말 피곤한 일이다. 이런 사고방식, 즉 있는 그대로의 우리로는 충분하지 않으며 완벽해지기 위한 길을 계속 찾는 것이 오늘날 각광받는 트렌드다. 하지만 또 다른 어떤 노력이 필요할까? 무엇을 더 해야 할까? 뭘 더 사야 할까?

닉센은 단순하고 미니멀한 라이프 스타일을 추구하고자 하는 인간의 욕망에 호소한다. 심플한 삶을 지향하는 분위기는 이미 몇 년 전부터 시작됐기에 나는 닉센을 향한 관심이 어느 날 갑자기 생겨났다고 보지 않는다. 아무것도 하지 않고자 하는 욕망은 역사가 길다. 그동안 잠시 활동을 쉬었을 뿐이다. 이 욕망에는 이름이 없었기에 대화의 주제로 삼을 수 없었다. 마침내 발음하기도 쉬운 닉센이 등장하자 상황이 바뀌며 대화의 물꼬가 트인 것이다.

무언가가 트렌드라거나 트렌드가 되리라고 결정하는 이는 누구일까? 특정 트렌드를 유행시키고 싶은 사람, 해당 트렌드를 선별하고 읽고 이에 관해 글을 쓰는 사람, 자신의 삶에 트렌드를 끌어 들이는 사람일까? 메리엄-웹스터 사전에 따르면 트렌드란 "우세한 경향이나 성향, 일반적인 움직임, 현재의 양식이나 선호, 발전 방향"을 말한다.

사람들은 닉센을 점점 자신의 삶에 도입하고 있는가? 이

것은 경향이나 성향인가? 그렇다면 나는 이 책이 닉센을 정의하고 닉센을 자기 삶으로 끌어 들이는 방법을 알려줄 수 있기를 바란다.

우리의 삶은 바뀔 수 있다

• • • • •

닉센을 연구하면서 내가 발견한 모든 정보를 이 책에 담았다. 닉센은 여러분의 삶을 바꿔놓을 수 있다. 바쁜 삶에서 벗어나면 더욱 행복해지고 창의성과 생산성이 높아지며 더 나은 의사 결정을 내리게 된다. 쉽지 않은 일일지도 모르고 다른 이의 도움이 필요할 수도 있겠지만, 가능한 일이라고 본다.

각 장에서 우리는 닉센 철학의 다양한 측면을 살펴볼 것이다. 흥미로운 사실이나 이야기, (네덜란드에서 살아본 사람부터 닉센을 연구한 이들에 이르기까지) 전문가의 견해를 곁들인 인사이트도 추가했다. 내가 직접 겪은 사례뿐만 아니라 사회학, 생물학, 심리학, 역사, 다른 문화 간 의사소통, 심지어 물리학에 이르기까지 다양한 학문을 다룰 것이다. 닉센은 새로운 개념이라 알려진 정보가 많지 않아서 하나부터 열까지 직접 알아내야 했다. 각 장 끝에서는 세 가지씩 질문을 던진다. 닉센을 하면서 편안하게 살펴보기 바란다.

첫 번째 장에서는 먼저 우리가 끊임없이 바쁜 이유와 이런 현상이 우리의 건강과 사회생활에 어떤 영향을 미치는지 살펴볼 것이다. 나는 기술을 기꺼이 환영하는 사람이지만 스크린이 어떻게 삶을 잠식하고 시간을 앗아가는지 말하고자 한다. 심신이 겪는 스트레스도 들여다볼 것이다.

두 번째 장은 닉센이라는 개념과 익숙해지는 과정이다. 닉센에 해당하는 것과 해당하지 않는 것, 우리가 닉센을 이용하는 방법, 닉센에 대한 감정 등을 살펴볼 것이다. 미리 경고하자면 우리는 인식하지 못할 뿐 늘 닉센을 하고 있다.

세 번째 장은 닉센이 우리 삶에 어떤 방식으로 긍정적인 영향을 주는지를 살펴볼 것이다. 이 장에서 여러분은 닉센이 우리가 더욱 생산적이고 창의적이며 편안해지는 데, 또한 의사 결정 기술을 향상하는 데 어떤 도움을 주는지 알게 될 것이다.

네 번째 장은 우리 삶에서 가장 중요한 영역, 즉 직장, 집, 공공장소에서 닉센을 하는 방법을 알아볼 것이다. 닉센을 더 많이 하는 방법을 알려주는 유용한 조언으로 가득한 장이다.

다섯 번째 장에서는 영토 크기가 작고 인구밀도가 높은

네덜란드라는 나라를 내 시선으로 관찰한 바를 소개한다. 네덜란드만의 특수성을 파악할 수 있는 장이다. 물론 네덜란드인 가운데 내 의견에 반박하는 이들도 있겠지만 나는 네덜란드가 왜 닉센을 수행하기 완벽한 장소가 됐는지 알려주려고 한다.

여섯 번째 장은 닉센이 효과적이지 않은 상황을 비롯해 닉센을 향한 비판을 살펴볼 것이다. 나의 결론은 확실하다. 닉센은 많은 이들에게 효과적이지만 모두에게 그렇지는 않다. 자신에게 잘 맞지 않는다고 애태우지 말기를 바란다. 그런 사람들을 위한 조언도 준비했다.

이 책을 끝까지 읽는다면 내가 닉센을 완벽하게 습득했는지 아니면 닉센을 하는 데 철저하게 실패했는지도 알게 될 것이다. 일, 여가, 인간성의 미래를 예측해볼 수도 있을 테다. 미래에 관한 그런 생각이 닉센과 도대체 무슨 관련인지 궁금한가? 100퍼센트 상관있다고 말하고 싶다.

닉센에 익숙해진다면

바쁜 삶을 거부하기 한결 편해질 것이다.

CHAPTER
1

OFF

우리가 제대로 쉬지 못하는 이유

나는 소파에 앉아 휴식하려 노력하고 있다. 최근 들어 엄청난 스트레스를 받아서인지 긴장을 풀어보려 아무리 애를 써도 심장이 빠르게 고동친다. 흥분을 가라앉히려 해보지만 잘 안된다. 해야 할 일을 생각한다. 마감이 코앞인 일들이 한두 개가 아니다. 작은 바구니에 모든 달걀을 받아내려고 애쓰는 기분이다. 아무리 날쌔게 달려도, 아무리 조심스럽게 움직여도 노른자와 흰자가 바닥과 주변 가구 위로 떨어진다. 달걀을 단 하나도 놓치지 않고 받아내기란 불가능하다.

나는 딜레마에 빠졌다. 집안일과 아이들, 내 일을 내려놓고 늘어지게 쉬고 싶은 마음이 간절하다. 하지만 한편으로는 아무것도 내려놓을 수가 없다. 이유가 궁금하다. 별로 어려운 일도 아닌데 말이다. 나는 청소를 하고 있지도, 집을 정리하고 있지도 않다. 일하고 있지도 않으며 아이들은 학교에 있다. 쉬는 일은 쉬워야 하건만 그렇지 않다.

좀 쉬어보려고 자리에 앉으면 머릿속에 생각이 한가득 차오른다. 내 일을 생각하면 집안일이 눈에 들어오고 그러다 보면 아이들이 떠오른다. 나는 걱정한다. 내가 잘하고 있나 생각한다. 노트북과 핸드폰은 쉴 새 없이 나를 불러댄다. 내가 놓친 기회는 없을까? 친구들에게 문제가 생기면 어떡하지? 내가 아이들의 삶을 망치고 있다고 말하는 '아주 중요한 육아 기사'를 놓치고 있는 것은 아닐까? 온갖 생각을 하며 나는 소파에서 일어난다.

때때로 나는 바쁜 게 쉬운 선택이라고 생각한다. 하던 일을 계속하는 것이 편하다. 온종일 해야 할 일의 목록을 점검하는 편이 모든 것을 멈추고 자리에 앉아 아무것도 하지 않는 것보다 쉽다. 사실 오늘날처럼 바쁜 세상에서 아무것도 하지 않는 것이야말로 가장 어려운 일이다.

동물의 왕국을 보면 가만히 앉아 있지 못하는 동물은 인간이 유일한 듯하다. 사자 같은 위대한 사냥꾼이나 치타 같은 날렵한 동물조차도 아무것도 하지 않으며 느긋하게 시간을 보낸다. 우리는 어쩌다 가만히 앉아 있는 능력을 잃어버린 것일까? 우리는 그로 인해 어떠한 대가를 치르고 있을까?

버지니아대학교의 저명한 심리학자 티모시 윌슨(Timothy Wilson)의 유명한 연구 결과가 보여주듯 우리에게 닉센은 너무 불편해서 우리는 한동안 가만히 앉아 있느니 차라리 전기 충격을 받는 쪽을 선호할지도 모른다.

"가만히 앉아 있는 것이 즐거운 활동이라면 참가자들은 스스로에게 불편한 충격을 가할 필요가 없을 것입니다." 티모시는 말한다. 하지만 참가자들은 자기 자신에게 불편한 충격을 가했다.

사실 윌슨과 그의 동료들은 아무것도 하지 않고 가만히 앉아 쉬는 것, 내가 닉센이라 부르는 것이 실험 참가자들에게 그다지 즐거운 일이 아니라는 사실을 알고 있었다. 하지만 참가자들에게 아무것도 하지 않는 것과 불편한 활동 가운데 하나를 고르라고 하면 어떠한 결과가 나올지 궁금했다. 그들은 두 가지 실험을 진행했다. 실험 1에서 참가자들은 자극별로 유쾌도에 점수를 매겼다. 매력적인 사진을 보여주는 것과 같은 긍정적인 자극도 있었고 경미한 전기 충격 같은 부정적인 자극도 있었다. 실험 2에서 참가자들은 15분 동안 홀로 남겨진 채 자기 머릿속에 떠오르는 생각을 즐기라는 지시를 받았다.

실험 참가자들은 전기 충격 장치가 계속 켜진 상태라 버튼만 누르면 언제든 충격을 받을 수 있다는 사실을 알아차렸다. 연구진들은 가만히 앉아 자신만의 시간을 즐기는 것이 실험의 목표이며 버튼을 누를지 여부는 전적으로 참가자 본인에게 달려 있다고 설명했다. 실험 결과 67퍼센트의 남성과 25퍼센트의 여성이 생각하는 시간 동안 최소한 한 번은 스스로에게 전기 충격을 가했다.

실로 놀라운 결과 아닌가? 인간은 보통 고통을 피한다. 우리는 본능적으로 고통을 최소화하고 즐거움을 최대화하려고 한다. 하지만 실험 참가자들은 아무것도 하지 않느니 차라리 스스로에게 충격을 가하는 쪽을 선택했다. 정말 흥미로운 결과가 아닐 수 없다.

우리는 왜 바쁜 것일까?

• • • • •

오래전, 그러니까 중세 시대나 그보다 더 이전 사회의 특권층은 눈에 띄는 여가 활동을 통해 자신의 부를 과시하기 시작했다. 일을 하지 않고 누가 봐도 비생산적인 활동에 가담하는 것은 주위 사람들에게 "이것 봐. 나는 일하지 않아도 돼"라고 말하는 것이나 다름없었다. 로마인들은 온갖 종류의 여가 활동을 가리켜 오티움(otium)이라 불렀는데, 키케로는 로마인이라면 당연히 이런 여가 활동으로 하루를 보내야 한다고 생각했다.

하지만 여유로운 삶을 즐기고 싶은 꿈과 생산적이고 싶은 욕망 사이에는 늘 긴장이 존재했다. 중세 유럽에서 나태는 죄악으로, 노동은 긍정적인 것으로 평가받았다. 하지만 경제적인 이유만으로 오랜 시간 일하는 것은 탐욕으로 받아들여졌고 따라서 나태만큼이나 큰 죄악으로 여겨졌다. 성서에서 노동은 형벌로도 그려진다.

본대학교의 중세 문학 교수인 이리나 두미트레스쿠(Irina Dimitrescu)는 이렇게 말한다. "균형의 문제죠. 여가는 당연히 긍정적으로 받아들여졌고 휴식을 취하는 것은 그 자체로는 나쁘다고 여겨지지 않았습니다."

그렇기는 하지만 중세 시대 사람들이 빈둥거리거나 아무것도 하지 않는 경우는 드물었다. "그들이 아예 휴식을 취하지 않은 것은 아닙니다. 하지만 늘 무언가를 했죠. 돈을 벌기 위한 일뿐만 아니라 요리, 정원 관리, 예배 같은 활동도 했습니다."

일과 여가 간의 경계가 뚜렷해진 것은 산업혁명 이후, 그러니까 오늘날 여가라고 생각하는 개념이 등장하고 우리가 쉴 수 있도록 도와주는 산업들이 완비된 이후였다.

반드시 행복해야 한다는 강박

19세기 미국에서는 새로운 철학이 등장했다. 바로 신사고 운동이었다. 낙관주의와 긍정주의의 철학으로, 처음에는 청교도주의에 대항하는 단기적인 해결책 정도로만 여겨졌으나 곧 오늘날 우리가 알고 있는 거대한 산업으로 발전했다. 자기계발서를 통한 코칭, 삶의 선택을 강조하는 이 산업은 2019년을 기준으로 가치가 47억 5천만 달러에 달하며 지금도 꾸준히 성장하고 있다.

이런 사상이 지닌 낙관주의는 칼뱅주의와 극명한 대조를 보인다. 바바라 에런라이크(Barbara Ehrenreich)는 『웃거나 혹은 죽거나(Smile or Die)』에서 이를 "사회가 지운 우울"이라는 기막힌 표현으로 묘사한다. 일부 칼뱅주의적 경향은 신사고 운동에도 그대로 남아 있다. 끊임없는 자기반성이나 바바라 에런라이크가 '판단주의'라 부르는 것이 그것이다.

에런라이크는 이렇게 말한다. "칼뱅주의에 대항한 신사고 운동은 쾌락주의도 아니었고 감정적인 자발성을 강조하지도 않았습니다. 낙관주의자는 계속해서 자신의 감정을 의심하며 내면의 삶을 끝없이 검열하려 하죠." 긍정적인 사고와 칼뱅주의의 또 다른 유사점은 두 사상 모두 일을 엄청나게 강조한다는 것이다. 물론 신사고 운동가가 중요하게 생각하는 것은 손으로 하는 일이나 전문적인 직업이 아니라 자신을 살피는 일이다.

신사고 운동이 등장할 무렵 심리학자들은 인간의 정신이 겪는 문제 대신 우리를 행복하게 만드는 것에 관해서도 연구하기 시작했다. 마틴 셀리그만(Martin Seligman)의 긍정 심리학, 즉 행복의 과학은 사람과 국가에 관한 연구의 시작이었다. 연구는 가장 행복한 사람이 어디에 사는지 파악함으로써 그들만의 특이점을 찾아내고자 했다.

노르웨이에서 행복을 연구한 심리 연구가 카리 레이보위츠(Kari Leibowitz)는 이렇게 말한다. "스칸디나비아와 네덜란드에서 답을 찾으려는 이런 트렌드는 긍정 심리학을 향한 관심에서 시작하기도 합니다. 즉 누군가에게 문제가 발생하거나 정신 질환이 나타날 때 무슨 일이 발생하는지를 살피기보다는 행복이나 건강을 연구하려는 의도죠. 우리는 사람들이 잘 지내는 방법을 알아내기를 바랍니다."

그런데 이 같은 사고는 생각만큼 긍정적이지 않다. 행복에 관한 정보가 넘쳐나면 사람들은 행복해야 한다는 의무감에 시달리기 때문이다. 바바라 에런라이크가 『웃거나 혹은 죽거나』에서 언급했듯이 '제대로 행복한' 사람이 있을 경우 긍정 심리학 옹호자들은 그들을 따라야 한다고 말하는 것처럼 보인다.

더 나은 삶을 위한 여러 운동이 미국에서만 일어난 것은 아니다. 19세기 말부터 20세기 초까지 유럽에서는 통상적으로 라이프 리폼(Life Reform)이라 불린 다양한 운동이 일어났다. 신체 건강, 한결 자연스러운 라이프 스타일, 성 해방, 권위의 불신을 주장한 운동이었다. 독일에서는 이 기간에 아이들이 자유롭게 뛰어 놀면서 사회 기술을 습득하는 유치원과 유아원이 생기기도 했는데, 독일인들이 미국으로 이민을 가면서 이런 개념이 미국으로 전파되었다.

막시밀리안 오스카어 비르허 브레너(Maximilian Oscar Bircher Brenner)가 더 나은 식단으로 폐결핵 환자를 치료하려 한 것도 이 무렵이었다. 그는 뮤즐리(귀리와 기타 곡류, 생과일이나 말린 과일, 견과류를 혼합해 만든 아침 식사용 시리얼-옮긴이)를 만들어 전 세계 사람들의 아침 식단을 바꾸어놓았다. 그의 치료법이 효과적이었는지는 알 수 없지만 작가 토마스 만(Thomas Mann)은 비르허 브레너의 요양원을 방문했다가 그곳을 위생 감옥이라 부르며 도망갔다고 한다. 그보다 조금 앞서 제바스티안 크나이프(Sebastian Kneipp)는 수치료법과 자연요법을 개발했고 루돌프 슈타이너(Rudolf Steiner)는 발도르프스쿨을 창립해 논란을 샀다.

이런 운동의 흔적은 오늘날에도 찾아볼 수 있다. 아이들은 밖에서 놀고 성인은 운동을 하도록 장려되며 합리적인 가격이라면 유기농 식품을 선호하는 분위기다. 긍정적인 발전이지만 그렇다고 나는 유럽을 무작정 천국으로 묘사하고 싶지는 않다. 유럽에는 이제 더 나은 삶을 살기 위한 강박이 만연하다. 독일 신문 《타게스슈피겔(Der Tagesspiegel)》은 여러 운동이 다시 인기를 얻는 이유에 관한 비평 기사에서 이렇게 말했다. "이 세상에서 개선해야 하는 부분은 세상 그 자체뿐이다."

바쁨, 부유층의 상징으로 부상하다

1899년, 미국 경제학자이자 사회학자인 소스타인 베블런(Thorstein Veblen)의 『유한계급론』이 출간되면서 널리 호평을 받았다. 베블런은 키케로의 오티움과 같은 맥락으로 부유층이 확실한 여가 생활에 전념하리라고 내다봤다. 그때까지만 해도 합리적인 예측처럼 보였다. 하지만 실제로 일어난 일은 그와는 거리가 멀었다.

고가의 의류나 차량, 와인 같은 사치품에 돈을 흥청망청 쓸 거라는 예상과는 달리 오늘날 오히려 바쁨이 신분의 상징이 되었다.

베블런의 시대에 일은 고결한 행위로 여겨졌다. 그렇다고 해서 일이 많은 사람이 일자리 시장에서 수요가 많다는 뜻은 아니었다. "하지만 오늘날에는 바쁘다면 수요가 많다는 뜻이죠." 컬럼비아 경영대에서 대안적인 신분 상징을 연구하는 실비아 벨레자(Silvia Bellezza)는 이렇게 말한다. 바쁜 상태가 신분의 상징이 되는 경향은 신교도 직업관이 뚜렷하고 성실한 노력이 성공을 가져다주리라는 믿음이 우세한 미국에서 특히 선명하게 드러난다.

네덜란드에는 이런 상태를 묘사하는 표현도 있다. "바쁘다 바빠, 정말 중요해!(Druk druk, lekker belangrijk!)"라는 이 표현은 DDLB라고 줄여서 말하기도 하는데 상류층 사람들은 "잘 지내?"에 대한 답으로 이런 표현을 사용한다. 농담조로 사용되기는 하지만 어느 날 갑자기 생긴 표현은 아니다. 바쁜 상태는 삶의 질을 중시하는 네덜란드에서조차 신분의 상징으로 자리 잡았다.

유럽은 미국과 경제 수준이 비슷하고 신분의 상징으로서의 바쁨은 이곳에서도 많은 공감을 사고 있지만 모든 문화에서 그런 것은 아니다. 가령 벨레자의 모국인 이탈리아에서는 바쁜 것을 신분의 상징이라 생각하는 사람이 드물다. "9월쯤 여름휴가에서 돌아와서는 여행지에서 일을 했다고 말한다면 사람들한테 패배자 취급을 당하기 십상이죠."

벨레자는 이탈리아의 느긋한 근로 생활에 문제가 있다고 생각한다. "나라 전체가 8월 내내 마비 상태예요. 아무도 일을 하지 않거든요. 사람들이 일을 한다 하더라도 생산성이 아주 낮을 거예요." 벨레자는 북유럽 국가들이나 네덜란드는 완벽한 균형을 이루고 있다고 생각한다. "이곳에서는 여가를 존중하기 때문에 휴가 중에는 100퍼센트 휴가를 즐기죠. 하지만 일을 할 때는 또 확실히 해요. 업무 생산성이 아주 높답니다." 벨리자의 말을 뒷받침하는 내 개인적인 경험도 있다. 얼마 전 우리 집의 부엌 개조를 담당했던 인부들은 사흘이면 된다고 말했지만 실제로는 이틀 만에 일을 끝냈버렸다.

기술이 발전했더니 더 바빠졌다?!

• • • • •

기술의 발명과 발전 덕분에 우리는 더 효율적으로 더 많은 업무를 수행한다. 자신을 비롯해 다른 이들을 향한 기대가 높아지고 있으며 시간을 쓰는 방법도 다양해지고 있다. 스마트폰이나 컴퓨터만 말하는 것은 아니다. 부엌을 개조한 뒤 나는 요리를 더 자주 했다. 요리하는 데 걸리는 시간이 줄어들었기 때문이다.

직장에서도 마찬가지다. "우리는 과거에는 할 수 없었던 수많은 일을 할 수 있습니다. 그 결과 기대치가 높아졌죠. 우리는 더 많은 일을 수행하기를 바랍니다." IBM이나 구글 같은 국제적인 대기업과 일하는 저명한 비즈니스 심리학자 토니 크랩(Tony Crabbe)은 이렇게 말한다. 우리의 삶을 편리하게 만들어야 할 기술적 진보가 우리에게 더 강한 압력을 가하는 것이다.

크랩은 늘 시간에 쫓기고 중압감에 짓눌리는 생활은 중상층 전문직에서 두드러진다고 말한다. "교육 수준이 높은 사람 가운데 한가한 사람들도 있습니다. 하지만 번아웃 비율이 가장 높은 사람들 역시 교육 수준이 높은 화이트칼라 종사자입니다. 일에 짓눌린 기분을 곱씹고 이를 기록하는 사람은 교육 수준이 높고 부유한 전문직 종사자예요."

이 같은 상황을 낳은 것이 바로 긱 이코노미다. 긱 이코노미는 창작 활동을 하는 사람, 우버 드라이버, 기타 소규모 사업가, 기존 사업 종사자 등 단기 노동자에게 의존하는 고용 트렌드를 일컫는다. 이처럼 단기 계약이나 프로젝트를 바탕으로 이루어지는 계약은 안정적이지 않기 때문에 사람들은 스트레스를 받고 시간에 쫓기며 일에 압도당한다. 졸업을 하고 일자리를 구하고 은퇴할 때까지 한 직장에서 일하는 시나리오는 이제 과거의 일이다. 잠시라도 쉬는 것을 위험하게 생각하는 사람들이 점점 더 많아지는 이유다.

폴 돌런(Paul Dolan)은 오랜 시간 일한다고 행복해지는 것은 아니라고 말한다. 물론 자신에게 적당한 노동시간은 사람마다 다르며, 세 시간 이하로 일할 경우에도 사람들은 불행해진다고 이야기하지만 말이다.

24시간 연결되는 삶

• • • • •

네덜란드어 선생님과 함께 선생님이 주관한 전시회를 보러 가기로 한 날이었다. 그런데 그만 스마트폰을 깜빡하고 말았다. 결국 전시회가 열리는 장소를 찾아가지 못했고 아무에게도 이 사실을 알릴 수 없었다. 얼굴이 화끈 달아오르는 순간이었다.

지친 채 집으로 돌아오는 버스를 탔다. 스마트폰이라는 작은 사물이 나의 하루를 들었다 놓은 경험을 통해 나는 기술이 우리의 주의를 얼마나 산만하게 하는지, 우리 삶에 얼마나 강력한 영향을 미치는지 다시금 깨달았다. 한시도 손에서 놓지 않는 기기 덕분에 우리는 언제 어디서든 거의 모든 정보를 알아낸다. 손가락만 까딱하면 온갖 정보를 찾을 수 있는 삶은 정말 편리하다. 하지만 전시장에 도착하지 못한 경험을 통해 나는 과거에는 이 모든 것을 모르는 상태로 살았다는 사실이 떠올랐다.

이제는 너무 많은 정보 때문에 주의가 산만해진다. 심리학자 도린 도전 머기(Doreen Dodgen-Magee)는 기술이 우리의 대인 관계와 게으름을 부리는 능력에 얼마나 많은 영향을 주는지를 연구한다. 기술 장치나 전자 기기 화면으로 자신을 달래는 사람이 많다는 사실을 포착한 그녀는 이것이 튼튼하고 일관적인 자존감을 기르는 데 어느 정도로 영향을 미치는지 궁금해졌다.

"내면을 바라보고 자신을 달래며 자신에 대해 느끼는 감정을 알아가는 대신 우리는 전자 기기를 바라봅니다. 내적 통제성 대신 외적 통제성을 갖게 된 거죠." 그녀는 사람들이 자신의 삶에 느끼는 통제의 수준을 가리키는 심리학 원리를 두고 이렇게 말한다. 외부 통제성으로 말미암아 우리는 늘, 끊임없이 기기와 연결되기를 바라며 이런 주기에서 벗어나지 못하게 된다. 우리는 더 나은 기분을 느끼기를 바라고 우리 손에 들린 기기가 그러한 기분을 선사해주리라 믿는다.

크리스 베일리는 기기를 켜서 스크롤을 하고 싶은 욕망

을 제어하는 것이 우리에게 도움이 된다고 말한다. 화면을 바꾸고 휙휙 읽어보고 스크롤하는 온갖 행위는 비생산적일 뿐만 아니라 집중력에도 안 좋은 영향을 미친다. 우리는 자신을 달래기 위해 스마트폰에 더 의존하게 될 뿐만 아니라 주의가 한층 더 산만해지면서 결국 자신을 더욱 달래야 한다. 악순환인 셈이다.

기술은 사생활과 업무 간의 경계도 불분명하게 만든다. 기술 덕분에 우리는 한밤중에도 이메일을 확인한다. 해가 뜨기도 전에 다른 시간대에 있는 고객과 영상통화를 하며 밤낮 가리지 않고 인터넷에서 자료를 찾는다. 시간과 장소에 얽매이지 않고 일할 수 있는 환경이 마련되자 일에 대한 생각도 바뀌었다. 고용주는 직원들이 항시 대기하고 있다고 생각하고, 직원들은 절대로 일에서 벗어날 수 없다는 기분에 사로잡힌다.

기술은 일과 여가 간의 경계도 흐릿하게 만든다. 우리가 여가로 하는 일의 상당 부분이 업무를 볼 때 하는 일과 상당히 겹치기 때문이다. 심리학자 산디 만(Sandi Mann)에게 내가 페이스북을 둘러보면서 그걸 자료 조사라고 말한다고 얘기했더니 그녀 역시 자신도 그렇다며 흥미로운 이야기를 들려주었다. "저도 숨을 쉬듯 페이스북을 살펴보면서 그걸 자료 조사라고 말해요. 그런데 흥미롭게도 정말로 자료 조사를 할 때 하는 행동과 거의 똑같죠."

우리는 바쁘도록 설계된 걸까?

• • • • •

바쁜 상태라 하면 우리는 보통 일을 생각한다. 하지만 이제는 다른 영역으로까지 침투하고 있다. 예를 들어 우리는 일하는 데 더 많은 시간을 할애할 뿐만 아니라 아이들과도 점점 더 많은 시간을 보내고 있다. 부모 둘 다 그렇다. 남성들은 가정에 더 신경을 쓰는 남편이자 아빠가 되고 있으며 아버지 세대보다 집안일을 더 적극적으로 하는 등 집에서 시간을 더 많이 보내느라 바쁘다. 대부분의 집안일이나 육아는 여전히 여성의 일이긴 하지만 말이다.

자녀나 가족과 더 많은 시간을 보내는 것은 긍정적인 발전으로 보이지만 많은 사람이 이 때문에 더 많은 스트레스를 받고 더 바빠지고 있다. 특히 부모가 《뉴욕타임스》에서 말하는 책무가 막중한 '탐욕스러운 직장'에서 일한다면 더욱 그렇다. 근무시간이 길고 사회생활이나 사생활을 거의 기대하기 어려워 보이는 분야를 생각해보라. 부모가 금융이나 법, 컨설팅 분야에서 일한다면 부모와 아이 모두 스트레스를 받으며 언제나 시간에 쫓긴다.

업무적인 기대에 그치는 것도 아니다. 부모를 향한 기대 역시 높아지면서 문제가 되고 있다. 오늘날 많은 부모가 자녀에게 제때 밥을 주는 것만으로는 무언가 부족하다고 느낀다. 그들은 유전자 조작 농산물을 사용하지 않은 유기농 식재료를 사용해 아이들에게 손이 많이 가는 집밥을 해줘야 한다는 압박에 시달린다.

그저 최선을 다해서 아이들을 기르고 사랑하는 대신, 오늘날의 부모는 수없이 많은 육아서를 읽고 트렌드를 따라야 한다. 육아 트렌드를 파악하고 실천에 옮기는 데는 엄청난 집중력과 주의력이 필요하다.

우리가 빈둥거리느니 차라리 전기 충격을 받겠다고 생각하는 이유가 문화 때문만은 아니다. 이는 자연스러운 일이다. 사실 인간은 바쁘도록 설계되었을지도 모른다. 산디 만은 나에게 이렇게 말했다. "바쁘거나 활동적일 경우 진화적으로 이점을 누려요. 우리는 가만히 앉아 있도록 설계되지 않았죠. 우리는 활동적이도록, 끊임없이 주위를 수색하도록, 상황을 개선하도록 설계되었답니다."

가만히 앉아 있다가는 검치호랑이나 오래전에 멸종한 다른 동물들에게 진작에 잡아먹혔을 테다. 게다가 과거에는 자원이 희소했기 때문에 초창기 인류는 계속해서 자원을 수

색하고 걱정하며 수집해야 했다. 빈둥거리는 사람은 하지 않는 일이다. 산디 만은 빈둥거리는 사람들에 대해 이렇게 말한다. “그들은 음식을 찾지 않고 위험을 경계하지도 않죠. 오늘날에는 지적인 기술을 가치 있게 평가하지만 과거에는 그렇지 않았어요. 당시에는 손으로 할 수 있는 일, 밭에서 무엇을 기르고 무엇을 잡을 수 있는지가 중요했어요. 가만히 앉아 있는 것은 초창기 인류에게 유익한 행동은 아니었습니다.”

긴 시간이 흘러 농업이 등장한 이후에야 특정 계층은 심사숙고하거나 야망을 품는 데 시간을 할애했다. 그들은 다른 이들이 자신을 대신해 먹을 것을 구하는 동안 음식 걱정을 하지 않은 채 생각하는 데만 집중했다.

우리가 바쁜 것을 좋아하는 이유 중 하나는 바쁜 상태에서 우리가 느끼는 감정 때문이다. 산디 만은 이렇게 설명한다. “활동적인 상태에서는 우리의 기분을 좋게 만드는 화학물질인 도파민이 활성화합니다. 새로운 경험을 할 때면 도파민이 분비되죠. 새로운 것을 경험하려면 계속해서 활동적인 상태에 머물러야 합니다.”

바쁠 때 우리는 생산적이며 내 삶을 통제하고 있다는 기분이 든다. 해야 할 일을 적는 일정표나 다이어리가 인기를 끄는 이유다. 하루를 관리할 수 있는 작은 조각들로 나누면 만족감이 찾아온다. 하루를 단순하고 선형적인 구조로 보면서 일, 빨래, 저녁 준비 등 명확한 할 일을 할당한 뒤 하나씩 처리해가며 완료 표시를 할 때 우리는 생산성과 만족감을 느낀다.

인간은 아무리 사소할지언정 (물론 산처럼 쌓여 있는 빨래 더미는 사소하지 않지만) 목표를 세우고 목표를 달성했을 때 느낄 만족감을 향해 달려가는 과정을 좋아한다. 하지만 이 과정에서 해야 할 일이 너무 많아지면 바쁘다는 생각이 들기 시작한다.

우리가 바쁜 상태에 머무는 진화적인 이유 중 하나는 연결되고 소속되기를 바라는 인간의 깊은 욕망과 관련이 있다. 나를 비롯한 많은 사람이 내향적이며 심지어 사람을 피하는 성향을 지니고 있지만 인간은 원래 사회적인 동물이다. 저명한 심리학자 매튜 리버먼(Matthew Lieberman)은 『사회적 뇌, 인류 성공의 비밀』에서 우리는 주위 사람들이 어떻게 행동하고 말하고 생각하고 느끼는지 관찰하는 데 기꺼이 자신의 시간과 관심을 내어준다며 심지어 우리의 사회적 능력을 초능력으로까지 본다. 하지만 때때로 이 초능력은 우리에게 불리하게 작용한다.

가령 다른 이들이 줄기차게 바쁜 모습을 보면 우리는 나도 그래야 하는 것은 아닌지 압박을 받는다. 남들이 하는 대로 하지 않았다가는 아주 큰 대가를 치를 수 있다. 실제로 뇌 촬영 결과 실험 참가자가 최근에 거절을 당한 상황을 떠올릴 때 물리적인 고통과 관련한 뇌 부위가 활성화하는 모습을 볼 수 있었다. 남들과 어긋나는 상태는 말 그대로 상처가 되는 것이다. 거절이나 소외 같은 감정은 정신적, 물리적 건강 악화 같은 더 큰 문제로 이어지기도 한다.

물론 아무리 직업관이 확실한 사회일지라도 바빠야 한다는 동료들의 압력에서 벗어날 방법이 없는 것은 아니지만, 분명 쉬운 일은 아니다.

아니면 우리는 휴식하도록 설계되었나?

• • • • •

부족을 위해 식량을 찾아 나서고 검치호랑이를 경계하며 도구나 의복을 만드는 일이 중요하기는 하지만 이 일에는 엄청난 양의 에너지가 소요된다. 우리는 바쁘도록 설계되었지만, 동시에 에너지를 절약하도록 설계되기도 했다. 우리의 식습관이 지난 수백 년에 걸쳐 어떻게 바뀌었는지를 살펴보면 인간이 꽤나 게으른 종임을 알 수 있다.

매머드 사냥은 좋은 생각처럼 보인다. 부족 모두가 배불리 먹을 만큼 몸집이 큰 동물이기 때문이다. 하지만 매머드를 사냥하려면 이 거대한 동물을 오랜 시간 쫓아다녀야 하고 도중에 목숨을 잃을 수도 있다. 사냥하는 사람에게는 엄청난 양의 에너지를 소모하는 일이다. 선사시대 수렵인들이 토끼 덫과 산딸기류에 만족했던 까닭이다.

"사람들은 아무것도 하지 않는 데 더 매력을 느낍니다. 에스컬레이터를 타거나 계단을 걸어 올라가야 하는 상황에서는 대부분이 에스컬레이터를 타죠. 에너지를 절약할 수 있기 때문입니다." 게으름과 신경 과학을 연구하는 프랑스 연구자 마티외 부아곤티에(Matthieu Boisgontier)는 이렇게 말한다.

우리는 거의 모든 분야에서 비슷한 태도를 보인다. 최소한의 노력으로 생존을 꾀하기 위해 효율성을 높이려고 애쓴다. 효율성이 높아질수록 음식을 찾기가 쉬워지고, 활동하면서 소비한 에너지를 충전할 시간도 더 많아진다. 이제는 과거처럼 음식을 직접 따거나, 사냥하지 않아도 되는데도 사람들은 여전히 효율적으로 에너지를 절약하려 한다.

"우리는 이제 활동하려는 노력조차 하지 않습니다. 웬만해서는 활동을 줄이려고 하죠. 더 이상 음식을 쫓아다니지 않아도 되는 시대에 살고 있기 때문에 가능한 일입니다."

부아곤티에는 우리가 에너지 낭비를 싫어하기 때문에 일

터에서도, 집에서도 업무량의 최소화를 꾀한다고 주장한다. 우리는 바쁘도록 설계되어 있기도 하지만 아무것도 하지 않도록 설계되어 있기도 한 것이다.

죄책감과 길티 플레저

• • • • •

아무것도 하지 않고 휴식 시간을 가질 때면 다양한 감정이 찾아온다. 이 중 전 세계 사람들이 느끼는 가장 심오한 감정은 충분한 노력을 기울이지 않을 때 느끼는 죄책감이다. 서양에서는 죄책감에 온갖 다양한 메시지와 정반대의 감정이 수반된다.

우리는 일을 하지 않을 때 죄책감을 느끼지만 너무 많은 일을 할 때도 죄책감을 느낀다. 때때로 우리는 죄책감을 느낀다는 사실에 죄책감을 느끼는데 이 경우 문제를 해결하기가 더 어렵다.

"우리는 아이들과 시간을 보내지 않을 때, 일을 하지 않을 때 죄책감을 느낍니다. 자신을 위해 휴식을 취할 때는 엄청난 이중 자책감에 시달리죠. 우리는 늘 무언가를 해야 한다고 생각합니다." 나와 인터뷰를 하기 전 '딴짓'에 관한 워크숍을 진행했던 산디 만은 이렇게 말했다.

"저는 여름과 크리스마스 시즌에 일을 설렁설렁하는 환경에서 자랐죠. 1년 내내 일할 수는 없어요. 크리스마스 시즌에는 뇌가 제대로 작동하지 않거든요. 그래서 아예 전원을 뽑으려고 해요. 스칸디나비아 국가의 시스템을 모방하려고 합니다. 휴식을 취할 때면 완전히 차단하죠. 쉬운 일은 아니지만 말이에요."

12년째 미국에서 살고 있는 이탈리아인 연구가 실비아 벨레자의 말이다. 벨레자는 자신의 일을 좋아하지만 미국의 직업관이 그녀를 크게 바꿔놓았다고 했다. 그녀는 자신이 휴가 중이라는 것을 사람들에게 알리고 싶지 않아 부재 중에 비서를 고용하기도 했다고 고백했다. 이탈리아와 미국 두 곳 모두에서 죄책감을 느끼는지 묻자 그녀는 이렇게 답했다.

"물론이죠. 그런데 이탈리아에서는 일요일에 부모님과 시간을 보내는 대신 일을 할 때 죄책감을 느끼죠." 죄책감은 불쾌한 감정이지만 우리만 그러한 감정을 경험하지는 않는다는 사실은 위안이 된다. 죄책감은 우리 모두를 연결하는 감정인 것이다.

만성 스트레스의 위험

• • • • •

우리는 스트레스가 많은 삶을 불평한다. 주위에서 그런 모습을 흔히 볼 수 있다. 아마 여러분 스스로도 그러고 있을지도 모른다. 그만큼 스트레스라는 말을 자주 사용한다. 하지만 스트레스가 무슨 뜻인지 우리는 정말 알고 있을까?

우리는 자신의 행동이나 상황을 바꾸거나 조정해야 하는 상황을 마주할 때 스트레스를 받는다. 스트레스는 우리의 관심을 필요로 하는 모든 상황에 대응하는 중요한 반응이다. 하지만 스트레스를 지나치게 많이 받으면 문제가 된다.

스트레스와 번아웃 문제를 해결하고자 하는 다양한 전문가들로 이루어진 네덜란드의 코칭 센터, CSR 센트룸(CSR Centrum)에서 일하는 카롤린 하밍(Carolien Hamming)에게 스트레스가 무엇인지 묻자 그녀는 스트레스란 신체의 적응 반응이라고 답한다.

"우리는 직장에서뿐만 아니라 스포츠 활동을 할 때도 스트레스를 받습니다. 스포츠를 할 때 우리에게는 에너지가 필요하고 스트레스가 우리에게 그 에너지를 주기 때문이죠."

스트레스는 모든 활동에 뒤따르는 신체 반응이다. 스트

레스 수치와 활동 수치 간에는 양의 상관관계가 있다. 하밍은 이렇게 설명한다. "활동적일 때면 언제든 스트레스를 느낄 수 있죠. 활동적일수록 더 많은 스트레스를 받습니다."

일반적으로 스트레스는 긍정적이며 중요한 반응이다. 무언가 잘못되었으니 조치를 취해야 한다는 사실을 알려준다는 점에서 고통과도 비슷하다. 스트레스는 자연이 우리에게 긴장을 풀어야 할 필요성을 말해주는 방식이다. 하지만 물의 온도가 올라가는 것을 알아채지 못한 채 천천히 끓는 물 속에서 죽음을 맞이하는 개구리처럼 우리는 자신이 얼마나 스트레스를 받는지 눈치채지 못한다. 눈치챘을 때는 이미 늦은 경우가 많다.

"자리에 앉아 휴식을 취할 때면 자신의 신체가 얼마나 스트레스를 받고 있는지 알게 됩니다. 흥분을 가라앉히기 힘들다는 걸 알게 되죠. 자신에게 '이제 좀 차분해지고 싶어'라고 말한다고 그렇게 되는 건 아닙니다." 하밍은 신체가 높아진 스트레스 수치에 적응하고 그 수치를 새로운 기준으로 받아들인다고 말한다. 신체도 적응하고 뇌도 적응하는 것이다. 그녀는 스트레스를 정점(고조된 활동)과 골(휴지기)이 있는 파도에 비유한다. 하지만 우리가 과한 스트레스를 받을 때면 정점은 더욱 높아지고 오래 지속되어 휴지기로 쉽게 돌아가지 못한다고 한다.

샌프란시스코에 살면서 감정 웰빙과 정신 건강, 부모됨에 관해 연구하는 심리학자이자 작가인 줄리 프라가(Juli Fraga)는 이렇게 말한다. "스트레스를 지나치게 많이 받으면 신체는 투쟁 도피 반응(fight or flight response)이라 부르는 일종의 각성 상태에 들어갑니다. 신경계가 과구동 상태에 들어가고 결국 불안해지거나 불면증에 시달리거나 예민해지죠. 만성 스트레스는 면역 체계를 손상해 감기나 독감에 자주 걸리게 하고, 신체를 긴장하게 만들어 근육통을 유발하기도 합니다."

스트레스 대응 시스템이 활성화하면 차분한 상태로 돌아오기까지 한참이 걸린다. 스트레스는 몸 전체의 반응이므로 다양한 시스템들끼리 협력이 이루어져야 한다. 그러한 반응을 차단하려면 모든 시스템이 동의해야 하는 것이다.

스트레스는 이것이 정상적인 상태라고 생각하도록 뇌의 배선을 바꿀 수도 있다. 신경가소성 덕분이다. 신경가소성 혹은 뇌가소성이란 일평생 뇌가 계속해서 바뀌는 능력이다. 도전 머기는 이렇게 말한다. "우리가 가만히 조용하게 있지를 못하는 이유는 행동의 문제만은 아닙니다. 이는 정적을 유지하거나 감정을 통제할 때 쓰는 뇌 부위를 도려내도록 우리가 뇌를 재정비했기 때문이죠."

스트레스는 불안을 낳는다. 프라가는 이렇게 말한다. "스트레스는 '내면의 비평가'를 활성화합니다. 내면의 목소리가 우리더러 충분히 훌륭하지 못하며 충분히 똑똑하지 못하다고, 삶의 요구를 해결할 수 없다고 말하는 거죠." 그리고 이 목소리는 스트레스 수치를 높인다. 목소리를 들은 우리는 만족감을 느끼기 위해 뭐든 더 많이 하기를 바라고 그 결과 스트레스를 더 많이 받을 뿐만 아니라 더 예민해지고 초조해진다.

불안해지거나 스트레스를 받을 때면 우리는 주의력을 잃고 업무에 집중하기 어려워지며 가장 단순하고 기본적인 일상 업무조차 제대로 해내기 어려워진다. 이는 악순환으로 이어진다. 일을 제대로 하지 못하면 뒤처지게 되고 더 심한 불안과 스트레스가 이어진다.

스트레스는 어두운 면으로 향하는 길이다. 스트레스는 걱정을 낳고 걱정은 불안을 낳으며 불안을 고통을 낳는다. 또 다른 악순환이다. 마치 요다가 했음 직한 말처럼 들리지 않는가.

토니 크랩은 『내 안의 침팬지 길들이기』에서 바쁜 상태가 우리의 집중력에 미치는 영향을 언급한다. "저에게 바쁨의 반대는 해변에서 휴식을 취하는 게 아닙니다. 다른 수많은 사람들이나 숱한 문제에도 굴하지 않고 더 중요한 것에 집중하는 능력입니다."

그는 스트레스가 직원들의 집중력을 낮춤으로써 기업이나 조직의 발전을 저해할 뿐만 아니라, 가족 간의 관계에도 나쁜 영향을 미친다고 한다.

바쁜 게 일상이 된 사회

• • • • •

바쁜 데에도 긍정적인 부분은 있다. 유명한 사회학자이자 행복 연구의 개척자인 뤼트 페인호번(Ruut Veenhoven)은 이렇게 말한다. "우리가 일을 많이 하는 데는 이유가 있습니다. 우리는 커리어를 쌓고 몸값을 높여야 한다는 압박 때문에 일을 하기도 하지만 일이 즐겁기 때문에 하기도 합니다. 대부분의 경우 일은 100년 전보다 훨씬 즐겁습니다."

과거에 비해 많은 일이 창의적이고 흥미로우며 도전적이기는 하지만 현대에 등장한 일들은 새로운 종류의 스트레스를 낳기도 했다. 바로 뒤처질지도 모른다는 두려움(FOMO, Fear of Missing Out)이다. 재미있는 일이 넘쳐나기 때문에 우리는 우리 앞에 놓인 선택지 앞에서 초조해진다.

한 가지 활동이나 일, 프로젝트를 선택하면 다른 일은 거절해야 한다. 수많은 사람이 잠시 후 더 나은 일이 나타날지도 모른다는 생각에 시달린다. 하루에 더 많은 일을 욱여넣기 위해 더 열심히 노력한다. 일을 할 때만 그런 것이 아니다. 사회적으로도 비슷한 불안감에 시달리며 그 결과 계속해서 바쁘다.

"사람들이 매 순간을 무언가로 채우지 못할까 봐 전전긍긍하는 것 같아요. 주어진 시간을 온전히, 생산적으로 쓰지 못할까 봐 두려워하는 거죠. 그래서 틈만 나면 인터넷에 접속해 화면을 스크롤해요. 정신이 가만히 쉴 시간을 좀처럼 주지 않는 겁니다."

늘 바쁜 것은 익숙한 상태로 자리 잡았다. 우리는 바쁜 상태를 잘 알고 이런 상태에 익숙하며 주위 모든 사람이 바쁘다는 느낌을 잘 안다. 그 결과 우리는 바쁜 것이 정상이며 심지어 바람직하다고 여기는 사회를 만들어버렸다.

도전 머기는 이렇게 말한다. "인간은 미지의 것보다는 익숙한 것을 선택하기 마련이죠. 우리는 생산적인 것이 가장 좋다고 스스로에게 가르쳐왔어요. 우리는 아무것도 하지 않는 불편한 상태에 머무는 대신 바쁘지만 익숙한 상태에 머물기로 한 거죠."

온전한 휴식을 위한 질문

- 나는 언제 스트레스를 받는가?
- 스마트폰을 비롯한 전자 기기의 사용은 나의 스트레스에 어떤 영향을 미치는가?
- 스트레스는 나와 주위 사람들에게 어떤 영향을 미치는가?

INSIGHT I

성별에 따른 닉센의 어려움

남성은 여성보다 아무것도 하지 않기가 쉽다는 연구 결과가 있다. 연구 결과에 따르면 이성애적 관계에서 남성은 여성보다 시간이 많을 뿐만 아니라 자신에게 주어진 자유 시간을 지키는 데도 더 뛰어나다고 한다. 게다가 브리짓 슐트(Birgit Schulte)가 『타임 푸어』에서 말했듯 여성들은 자신의 자유 시간을 희생해서라도 남편의 자유 시간을 지켜주기까지 한다.

통계에 따르면 남성과 여성은 거의 동일한 시간 동안 일하지만 여성은 남성보다 무급 노동을 많이 한다고 한다. 이는 전 세계적인 현상이다. 성 평등성이 높은 국가조차 같은 문제를 겪고 있으며 상황은 나아질 기미가 보이지 않는다.

감정 노동이라는 용어를 대중화한 제마 하틀리(Gemma Hartley)는 이렇게 말한다. "저는 우리가 남성과 여성의 여가에 다른 잣대를 들이댄다고 봅니다. 남성은 업무를 하다가 긴장을 풀고 휴식을 취해도 된다고 생각하죠."

한편 여성은 닉센을 하지만 그 선이 더 명확하다. "여성들은 집에서 보통 멍하게 있거나 휴식을 취하지 않습니다. 우리는 여성이 요가 수업이나 친구들과의 저녁 외출, 북 클럽 같은 활동을 계획하고 실천하리라 기대합니다. 여성의 여가를 일상적인 일보다는 예외적인 이벤트로 만들죠." 하틀리는 이렇게 말하며 남편이 설거지를 할 때 소파에 앉아 책을 읽으면 죄책감이 든다고 털어놓았다.

"고요한 순간이란 없어요. 있다 하더라도 우리는 잊은 일이 없는지 파악하려고 애쓰거나 더 많은 일로 그 순간을 미친 듯이 채워 넣죠. 여성들에게는 사실 아무것도 하지 않는 시간이 없어요. 일의 가짓수를 줄여야 한다는 건 다소 급진적인 생각이지만 실행한다면 많은 여성들에게 좋으리라 생각합니다." 그녀는 나에게 보낸 이메일에서 이렇게 말했다.

그렇기는 하지만 남성들도 닉센을 하는 데 애를 먹는다. 아내 다이애나 그리고 두 명의 자녀와 함께 미국에 사는 프랑스 작가 뤼도 가브리엘(Ludo Gabriele)은 이렇게 말한다. "남성의 자아감과 사회적 가치는 우리가 하는 일, 우리가 기여하는 바, 우리가 제공하는 것과 긴밀하게 연결되어 있기 때문에 남자들은 행동을 하지 않으면 자아를 상실한 것처럼 느낄 수 있죠." 가브리엘은 사회에 유해한 남성성을 없애기 위한 블로그 '깨어나라 아버지여'를 운영한다.

가정에서나 결혼 생활에서 남성의 참여도가 높아지기는 했지만 남성은 여전히 제한적인 성 규범 내에서 행동한다. 이런 규범은 인류의 절반을 이루는 남성을 부인하는 폭 좁은 세계관에 우리를 가둔다. 제한적인 성 규범은 남성들이 자신의 감정을 차단하게 하고 감정의 발전을 막는다. 이는 불안감, 우울 같은 안 좋은 결과로 이어진다. 남성은 내면의 자아와 소통할 수 없고 진정한 관계를 형성하기 어려워진다.

제한적인 성 규범은 네덜란드에서도 만연하다. 성 평등성을 꾀하는 여성 단체인 우먼(Woman Inc.)의 편집자 수전 스티먼(Suzan Steeman)은 이렇게 말한다. "네덜란드에서는 전통적인 성 역할이 여전히 우세합니다. 여성이 무급 노동을 더 많이 하고 남성이 가정의 생계를 책임지죠."

여성이 대부분의 돌봄 노동을 책임지는 것이 네덜란드의 문화적 규범이다. "네덜란드는 겉으로 보면 꽤 진보적인 국가지만 더 깊이 들여다보면 다른 모습도 드러납니다." 그녀는 나의 이상이 무엇이냐고 물으며 자신만의 규범을 만들라고 조언한다.

우리는 바쁨에 익숙한 나머지

바쁘게 사는 게 바람직하다고 여기는

사회를 만들어버렸다.

CHAPTER 2

닉센이란 무엇인가

내가 앉아 있는 이 갈색 소파는 끝내주게 편하다. 나는 소파에 몸을 기대고 김이 모락모락 피어오르는 찻잔 주위로 손가락을 배배 꼬며 머그잔의 온기를 느끼는 중이다. 꽃무늬를 비롯해 자연에서 영감을 받은 듯한 녹색, 갈색, 파란색의 무늬를 사람이 손으로 직접 그려 넣은, 내가 가장 아끼는 머그잔이다. 내 옆에는 작년 크리스마스에 산 흰색 킨들이 놓여 있다.

소파에 웅크리고 앉은 이 자세는 정말이지 편안하다. 나는 지금 다리를 접은 채 소파 한쪽 끝에 왼쪽 팔을 기대고 있다. 내가 이런 자세로 앉아 있으면 이따금 남편이 지나가면서 묻는다. "당신 또 올가링하고 있어?" 이 자세는 나와 한 몸이나 다름없어서 남편은 아예 내 이름을 따 이 자세를 올가링이라고 부른다.

이렇게 앉아 있을 때면 나는 보통 책이나 출력한 기사를 읽는다. 어떤 상황이든 내가 하는 일은 꽤 명확하다. 읽거나 일하거나. 자, 이제 다음과 같은 세 가지 시나리오를 생각해 보자.

- 나는 방금 묘사한 자세로 소파에 앉아 있지만 편집자에게 알려주고 싶은 기사를 생각한다.
- 나는 소파에 웅크리고 앉아 있지만 머릿속으로 오늘 할 일을 생각한다. 저녁 메뉴를 떠올리고 아이들에게 필요한 것을 전부 챙겨줬는지 점검하며 아이들 걱정을 한다.
- 마지막으로 나는 소파에 앉아 있다. 러그를 바라보다가 정원으로 시선을 돌려 추운 날씨에도 장미가 피어 있는 모습을 본다. 남편이 음악을 틀자 나는 가수의 목소리와 드럼의 박자에 귀 기울인다.

세 가지 상황 중 어느 것이 닉센일까? 닉센이 무엇인지 아직 감이 잘 안 잡히더라도 여러분은 어떤 시나리오가 아무것도 하지 않는 행위에 가까운지 바로 눈치챘을 테다.

닉센, 하지만 어떻게 먹을 건데?

• • • • •

폴란드 수도 바르샤바에서 독일어를 공부할 때 네덜란드어 수업을 들을 기회가 있었다. 하지만 네덜란드어 수업을 들으려면 1년을 더 공부해야 했다. 나에게는 독일에서 나를 기다리는 남자친구도 있었다. 굳이 네덜란드어까지 배울 필요는 없다고 판단한 나는 결국 수업을 듣지 않기로 했다. 그런데 이제 와서 이 언어를 배워야 하다니, 인생이란!

네덜란드어가 어렵다고 말하는 이들이 있다. 특히 발음이 까다롭다고 말이다. 네덜란드어를 배우기 시작했을 무렵 나는 정육점에 가서 다진 고기 500그램을 달라고 했다. 뭐, 나만 그렇게 생각했는지도 모른다. 집에 도착해 작은 비닐봉지를 열어보니 안에는 놀랍게도 고기가 아주 조금밖에 담겨 있지 않았다. 내가 페이프(vijf, 다섯)라고 말한 것이 트베이(twee, 둘)로 들린 게 분명했다. 참 이상도 하지. 하지만 정육점으로 돌아가 고기를 더 달라고 하기에는 너무 피곤했고 다행히 집에는 렌즈콩이 있었다. 나는 있는 재료를 활용해 거의 채식주의 식단에 가까운 미트볼을 만들어냈다. 난 꽤나 창의적인 사람이니까.

네덜란드어는 어렵긴 하지만 재미있고 변덕스러운 언어

이기도 하다. "저는 네덜란드어를 다양한 색을 사용하는 그림에 비유하고 싶네요." 나의 네덜란드어 선생님이었던 마르얀 시몬스(Marjan Simons)는 이렇게 말했다.

나는 혼디어(hondje), 하위셔(huisje), 봄피어(bompje) 같은 지조사(작은 것을 나타내는 단어나 어미-옮긴이)를 특히 좋아한다. 순서대로 작은 개, 작은 집, 작은 나무라는 뜻이다. 이어/여(je)만 붙이면 작은 무언가가 되는 것이다. "우리는 세상에서 가장 큰 사람이지만 우리나라는 작아. 우리가 좋아하는 모든 것이 지소사가 되지." 시몬스는 말했다.

모든 단어를 동사로 만드는 방식도 참 마음에 든다. 테니스를 친다? 아니, 테니선(tennissen)이라고 말하면 되지! 체크카드로 결제한다? 아니, 피넌(pinnen)이 있잖아! 술(borrel)을 마시고 친구들과 간식을 먹는다? 아니, 보렐런(borrelen)! 단어나 표현을 생각한 뒤 'en'만 붙이면 동사가 된다.

아무것도 안 한다? 아니, 닉센(niksen)! 정말 근사한 방법 아닌가? 내가 태어난 폴란드에서는 무언가 새로운 것을 마주할 때면 "어떻게 먹을 건데?"라고 말한다. 그렇다면 지금부터 우리는 이렇게 질문할 수 있다. 닉센을 어떻게 먹을 건데?

네덜란드인은 정말 닉센을 할까?

• • • • •

네덜란드어 닉스(niks)는 아무것도 아닌 것이라는 뜻이다. 따라서 닉이라는 명사에서 탄생한 닉센(niksen)이라는 동사는 아무것도 하지 않는 것이라는 뜻이 된다. 시몬스는 닉센이 닉스 둔(niks doen, 아무것도 하지 않기)에서 왔으며 이를 줄여 닉센이라 부른다고 설명하기도 했다.

닉센을 파고들다가 나는 란테판테런(lantefanteren)처럼 닉센과 비슷한 뜻을 지닌 다른 네덜란드어도 알게 되었다. 네덜란드 출신 작가이자 편집자, 기업가인 엘리서 더브러스(Elise de Bres)는 란테판테런이 자신이 하고 싶은 대로 하며 무슨 일을 하든 목적이 없다는 점에서 닉센과 비슷하다고 말한다.

또 다른 유의어로는 라위에런(luieren)이 있다(이 단어들을 발음해보라! 나는 이곳에 온 지 10년짼데 아직도 제대로 발음하기가 힘들다). 사실 이 책의 네덜란드어 제목은 『닉센: 네덜란드인들의 라위에런의 미학(Niksen: De Dutch art of luieren)』이다. 처음에 나는 이 단어가 게으름을 의미한다고 생각했다. 라위(lui)가 게으르다는 뜻이기 때문이다. 하지만 이 단어에는 '놀다'라는 의미도 담겨 있다. 네덜란드 온라인 사전에서는 이 단어를 "의도적으로 아무것도 하지 않거나 거의 하지 않는 것"이라 정의한다.

작가이자 언어학자, 번역가로서 나는 언어가 문화를 들여다보는 창이라고 생각한다. 나는 아무것도 하지 않는 것을 의미하는 멋진 단어를 이토록 많이 가지고 있는 나라 사람들이 어떻게 자신이 때때로 닉센을 하고 있다는 사실을 모를 수 있는지 궁금했다.

네덜란드에 15년째 살고 있는 일본 작가 야마모토 나오코(Naoko Yamamoto)는 네덜란드인들이 아무것도 하지 않는 데 뛰어난 사람들이라는 점에 동의한다. "네덜란드 사람들은 휴가 기간에 하루 종일 아무것도 하지 않고 보낼 수 있는 사람들이에요. 캠핑을 하거나 해안가에 누워 빈둥대거나 공원에 앉아 있거나 그냥 집에 있기도 하죠. 화창한 날이면 수많은 사람이 테라스에 앉아 맥주를 마시거나 커피를 마신답니다. 그냥 그렇게 시간을 보내는 거예요."

야마모토는 일본인은 빈둥거릴 줄 모르지만 그 개념에는 익숙하다고 말한다. "일본인도 쉬어야 한다는 사실은 알기 때문에 사실 닉센이라는 개념 자체는 새로울 게 없어요. 하지만 네덜란드인이 닉센을 하는 방식을 보여준다면 무척 자극을 받을 겁니다."

네덜란드인은 자신들이 이미 닉센을 충분히 하고 있다는

사실을 어떻게 모를 수 있을까? 때때로 진실은 외부인의 눈에만 보이는 법이다.

헤이그에 살고 있는 작가이자 나의 친구인 테사 라헤만(Tessa Lageman)은 자신이 닉센을 잘하지 못한다고 말한다. 그녀만 그런 것은 아니다. "많은 사람이 닉센을 못해요. 닉센을 하고 싶어 하지만 쓸모 있는 욕망이어야 한다고 생각하죠." 그녀는 인터넷이 존재하기 전에는 네덜란드인이 닉센을 좀 더 쉽게 했다는 말을 덧붙였다.

나의 네덜란드어 선생님 마르얀 시몬스는 네덜란드인이 닉센을 하는 것을 별로 못 봤다고 말한다. "우리는 아주 활동적이죠. 스케이트를 타고 하키를 즐기는 등 스포츠 활동을 좋아하고요. 취미 생활이나 봉사 활동도 한답니다." 네덜란드인들이 쉴 때는 무엇을 하느냐고 묻자 그녀는 "스포츠 활동을 하고 책을 많이 읽어요"라고 대답했다.

라헤만은 우리의 주의를 앗아가는 것이 너무나도 많은 요즘 같은 시기에 네덜란드인이 닉센에 끌리는 이유가 바로 그 때문이라고 본다. 그는 레커르 닉센(lekker niksen, 닉센의 유쾌함)이라는 표현을 증거로 제시하며 닉센을 긍정적인 언어로 생각한다. 내가 공원 벤치에 앉아 있거나 해안가에 누워 있는 네덜란드인들이 닉센을 하고 있는 것인지 묻자 그녀는 잠깐 망설이더니 하이킹이나 자전거 타기, 수영, 독서 같은 활동의 하나일 뿐이며 닉센으로 볼 수도 있겠지만 그렇게 여겨지지는 않는다고 답했다.

테사와는 달리 안톤 더용(Anton de Jong)은 자신을 닉센 전문가로 본다. 그는 닉센을 편안하게 앉아 햇볕을 듬뿍 쬐는 행위로 규정한다. 닉센이 긍정적인 의미를 지니는지 부정적인 의미를 지니는지 묻자 그는 이렇게 대답했다. "상황에 따라 다르죠. 깊은 생각에 잠길 때도 있지만 곯아떨어지기 직전일 때도 있으니까요."

나는 영어로 이 단어를 어떻게 번역하면 좋을지, 이 책에서 어떤 용어를 사용하면 좋을지 한참을 고민하다가 창의력과 융통성을 발휘하기로 했다. 나는 이 책에서 '닉센의 철학'이나 '닉센의 가장 큰 장점'처럼 닉센을 명사로 사용하기도 하고 '나는 닉센하는 것을 정말 좋아한다'는 식으로 동사로도 사용할 것이며 아무것도 하지 않는 사람을 가리키는 '닉세니어(nikseneer)'라는 표현도 사용할 것이다. 나는 닉세니어라는 이름으로 페이스북 그룹도 만들었다!

네덜란드어로 닉센의 뜻을 알아낸 뒤 나는 닉센이 정확히 어떤 의미인지 파악해야 했다. 닉센을 할 때 우리는 무엇을 하는가? 예상보다 훨씬 더 답하기 어려운 문제였다. 내가 조사를 시작할 때만 해도 이용할 수 있는 정보가 많지 않았기 때문이다. 아무것도 하지 않는 행위는 단순해 보이지만 그렇지 않다. 깊이 파고들면서 나는 답을 찾아갔다.

스트레스 전문가인 카롤린 하밍은 닉센이 밖을 멍하니 바라보거나 음악을 듣거나 친구들과 어울리는 등 목적 없이 무언가를 하는 일이라고 말한다. 하밍은 닉센 전문가로 이 주제와 관련해 수많은 기사에 언급되는 인물이다. 목적 없이 무언가를 한다고? 근사하게 들리는 말이었다. 차분해지기 위해, 여유로워지기 위해 창밖을 바라보는 게 아니라 별다른 이유 없이 바라보는 것이다.

우리는 늘 무언가를 하고 있다

• • • • •

네덜란드의 저명한 경영학 학자이자 심리분석가인 만프러트 케츠 더프리스(Manfred Kets de Vries)에게 아무것도 하지 않는 것의 의미를 묻자 그는 이렇게 답했다. "그것참 좋은 질문이군요. 우리가 아무것도 하지 않을 수는 없답니다. 아무것도 하지 않으면 죽기 때문이죠."

아무것도 하지 않는 것은 정말로 어렵고 심지어 불가능한 일일지도 모른다. 잠을 자거나 휴식을 취할 때조차 신체와 뇌에서는 무의식적인 활동이 끊임없이 일어난다. 우리가 인지조차 하지 못하는 활동이 대부분이다. 폐는 호흡을 하고 심장은 수축 운동을 하며 위와 장은 소화를 시키고 내분비기관에서는 호르몬을 분비한다. 바람직한 일이다. 내 몸이 나의 호흡과 심장 박동을 제어하지 않는다면 나는 그래야 한다는 사실을 잊을지도 모른다. "아차, 오늘 숨 쉬는 것을 깜빡했네"라며 한숨을 쉴지도 모른다. 심장이 알아서 뛰는 것에 감사해야 한다.

우리가 눈치채지 못하는 사이에 손톱과 머리카락은 쉬지 않고 자란다. 우리의 뇌는 우리가 과거의 기억을 잊고 다른 기억을 공고히 하며 새로운 기억을 만들어내는 동안 쉴 새 없이 일한다. 우리는 문제를 고심하고 향후 계획을 짜고 몽상을 한다. 인간으로 사는 데, 심지어 잠자는 인간으로 사는 데도 얼마나 많은 에너지와 활동이 뒤따르는지 알면 깜짝 놀랄 것이다.

인간의 활동은 하나의 연속체로 볼 수 있다. "에너지 소비량이 0이라면 사실상 죽은 것이나 다름없습니다. 에너지 소비량이 1이라면 아무것도 하지 않고 그저 앉아서 숨만 쉬는 것이고요. 자리에서 일어나 아주 조금 움직이기 시작한 다음 걷고 달리면 그제야 활기찬 신체 활동이라 할 수 있죠." 신경 과학에 관심이 많은 마티외 부아곤티에는 이렇게 말한다. 그는 인간이 아주 게으른 개체임을 입증한 논문으로 유명하다.

『무조건 행복할 것』을 쓴 그레첸 루빈은 닉센을 빈둥거리거나 꾸물대는 것으로 정의한다. 닉센을 하는 모습을 설명해달라고 하자 그녀는 이렇게 말했다. "집안이나 동네를 정처 없이 돌아다니는 거죠. 볼일이 있지만 빈둥거리는 거예요. 다른 일거리를 머릿속에서 지우고 서두르지 않는 겁니다. 그저 주위를 둘러보기만 하는 거죠. 집에서는 우편물을 보지만 우연히 그곳에 있기 때문에 볼 뿐입니다." 내가 고개를 끄덕이며 동의하자 그녀는 이렇게 덧붙였다. "일요일 아침 같은 기분이랄까요. 그냥 시간을 보내는 거예요. 특별한 계획 없는 헐렁한 시간이죠." 나는 감탄의 숨을 내뱉었다. 듣는 것만으로도 기분이 좋아졌기 때문이었다.

닉센에 관한 전문가들의 의견과 정의를 수집하는 동안 나는 닉센의 의미를 두고 의견의 일치가 이루어지지 않는다는 사실을 알게 되었다. 나와 이야기를 나눈 수많은 전문가가 닉센을 지루한 감정과 결부했다. 심리학자 도전 머기는 "내가 생각하는 지루함이란 아무런 계획이 없는 순간에 도달하는 것입니다"라고 말한다. 예를 들어달라고 말하자 그녀는 이렇게 답했다. "그저 구름을 바라보고 창문 밖을 바라보는 거죠. 판단하지 않고 생각에 잠기는 것입니다. '마음챙김 명상처럼 수행해야 해'라는 생각 없이 그저 현재에 충실하는 거예요." 다시 생각해보니 이것은 지루함이 아니라 닉센처럼 들린다.

다양한 정의 하나하나가 아주 흥미롭지만 아무것도 하지 않음이 실제로 무엇을 의미하는지에 조금 더 의견이 일치했으면 좋았을지도 모른다. 예술가이자 『아무것도 하지 않는 법(How to do Nothing)』의 저자인 제니 오델(Jenny Odell)은 "아무것도 하지 않는 모두에게 저마다 다른 의미일지도 모릅니다"라고 말한다. 오델은 이를 목표를 중시하지 않는 활동이라는 아주 작은 사이 공간을 찾는 것이라고 정의하며 이렇게 말한다. "머리를 식히는 활동이면 됩니다. 버스에서, 줄을 서 있을 때 혹은 그사이 어떤 순간에 판단 없이 최대한 많이 관찰하고 놀랄 준비가 되어 있는 거죠."

이것은 닉센이 아니다

• • • • •

닉센에 관해 인터뷰를 하면서 닉센이라는 네덜란드어를 번역해달라는 것 외에 그 뜻을 정의해달라는 요청을 받은 적이 거의 없었다. 모두가 닉센이 의미하는 바를 즉시 간파한 듯했다. 최소한 자신의 개인적인 삶과 정황이라는 맥락

속에서 저마다 정의를 내렸다. 하지만 페이스북을 보거나 텔레비전을 보는 등 무언가를 하고 있는 게 분명할 때도 아무것도 하고 있지 않다고 말하는 이들을 종종 보면서 정의를 내리는 일이 중요함을 깨달았다. 우선 무엇이 닉센이 아닌지부터 파악하는 편이 좋겠다고 판단했다.

닉센은 일이 아니다

나의 아버지는 이론물리학자이고 나는 작가다. 우리가 하는 일은 문서 앞에 앉아 생각을 하고 무언가를 적는 것이다. 많은 시간 생각을 한다. 누군가 우리를 바라본다면 아무것도 하지 않는 것처럼 보일지도 모른다. 둘 사이의 차이를 어떻게 알 수 있을까?

알 수 없다. 우리에게 직접 물어보거나 우리가 하는 일의 성격을 알지 못하는 한 알기 어렵다. 우리가 일을 하면서 이따금 닉센을 하는 것처럼 보이는 순간이 있을지라도 닉센은 일이 아니다. 하지만 두 가지를 분리하기는 쉽지 않다. 창의적인 일을 하는 사람에게는 특히 어렵다.

"창의적인 사람은 절대로 일을 멈추지 않습니다. 해결하고자 하는 문제가 늘 존재하기 때문이죠. 그들은 교착 상태에 빠진 문제를 계속해서 살핍니다." 생산성 전문가 크리스 베일리는 문제 해결에 도움이 되는 좋아하는 책을 볼 때처럼, 외부 환경에서뿐만 아니라 딴생각을 하는 순간에도 아이디어가 떠오른다고 말한다. 따라서 생각하는 것은 일이지 닉센이 아니다.

닉센은 감정 노동이 아니다

특정한 활동이 아무것도 하지 않는 것처럼 보일지라도 실제로는 그렇지 않다는 생각에 매료된 나는 뤼트 페인호번에게 내가 소파에 앉아서 눈에 보이지 않는 종류의 일을 하느라 분주한 수많은 순간을 설명했다. 걱정하기, 계획 짜기, 가족 모두가 행복한지 확인하기 같은 활동이었다. "당신은 되새김질을 하고 있어요. 저라면 그것을 닉센이라 부르지 않겠어요." 그의 말처럼 걱정은 닉센이 아니라는 데 동의한다. 분명히 그렇게 느껴지지 않는다. 그렇다고 되새김질로 치부하는 것 또한 달갑지는 않다.

기자이자 『남자들은 항상 나를 잔소리하게 만든다』의 저자인 제마 하틀리는 이 되새김질을 감정 노동이라 부른다. 소파에 앉아서 아이의 치과 예약을 잊지 않고 잡았는지 생각하는 것은 닉센도, 되새김질도 아니다. 감정 노동이다. 이는 주위 사람들을 편안하고 행복하게 만들기 위해 필요한 보이지 않는 정신적 부하이자 감정 관리다. 감정 노동은 닉센처럼 보이기도 한다. 노동의 실체가 보이지 않으며 소파에 앉은 상태에서 할 수 있기 때문이다.

"머릿속으로 이루어지는 계산, 적극적인 공감, 계획 짜기, 추적하기, 점검하기 등 모든 일을 차질 없이 진행하기 위해 머리를 굴리는 거죠." 하틀리는 이렇게 말했다. 생각하고 계획을 세우고 점검을 하는 나의 모든 행위에 이름이 있다는 사실에 위안을 받으면서도 화가 났다.

처음에는 감정 노동을 닉센의 일종으로 분류하고 싶었다. 하지만 그럴 경우 수많은 여성(감정 노동을 수행하는 이들은 주로 여성이다)에게서 엄청난 양의 시간과 에너지, 뇌 공간을 앗아가는 이 중요한 작업을 등한시하게 될 터였다. 무수한 삶이 순조롭게 굴러가는 것은 여성들의 감정 노동 덕분이다.

나는 감정 노동을 닉센과는 별개의 존재로 인정하며 감정 노동을 수행하는 이들이 닉센을 할 시간을 더 많이 확보하게끔 돕기로 했다.

닉센은 마음챙김이 아니다

닉센은 마음챙김과 비슷해 보이지만 마음챙김은 닉센이 아니다. 둘 다 고요와 정적이 핵심이지만 두 가지 활동은 완전히 다르다.

마음챙김을 해본 경험이 있는 그레첸 루빈은 이렇게 말한다. "저는 명상을 아무것도 하지 않는 활동으로 보지 않습니다. 명상을 할 때 우리는 자리에 앉아서 마음에 집중하고 무슨 일엔가 착수하죠. 움직임은 없지만 명상은 꽤나 특정한 활동입니다." 나에게 마음챙김과 명상은 엄청난 일처럼 보인다. 마음이 편안해지거나 차분해지는 활동과는 거리가 멀다. 얼마 전 찌는 듯한 여름 날씨에 너무 짜증이 나서 '지금에 머물' 수 없었던 나는 평소에 하지 않는 일을 했다. 차고를 청소한 것이다. 쓰레기를 다섯 봉지나 내다 버렸고 청소기를 돌렸으며 선반의 물건을 정리해서 무엇이든 쉽게 찾을 수 있도록 했다.

차고 청소를 즐겼다고는 말하지 못하겠지만 나는 그 일을 빠르고 효율적으로 했다. 왜 그랬을까? 의식하지 않았기 때문이었다. 나는 내가 하고 있는 일이나 내 호흡, 내 차크라, 심지어 내 몸에도 집중하지 않았다. 그저 세상을 차단하고 머릿속으로 노래를 부르며 하루를 계획했고 눈앞에 펼쳐

진 현재와 상관없는 즐거운 생각을 했다.

닉센은 마음챙김과 정반대의 활동일지도 모른다. 닉센을 할 때는 자신의 몸과 호흡, 바로 지금 이 순간이나 자신의 생각을 의식할 필요가 없기 때문이다. 따라서 우리는 마음챙김과 정반대의 목적으로 닉센을 수행할 수 있다. 머릿속 생각으로 도망쳐 한동안 그곳에 머무는 것이다.

닉센은 게으름이나 지루함이 아니다

대낮에 누워 있는 모습을 누군가에게 들킨다면 누구나 자기 스스로를 게으르다고 생각하게 된다. 하지만 닉센을 한다고 게으른 것은 아니다.

유전학 교수인 나의 엄마는 내가 아는 가장 똑똑하고 재능 있고 야망 있는 여성이다. 어린 시절 나는 엄마가 일과를 마친 뒤에 혹은 박사 논문을 마치고 다음 프로젝트를 시작하기 전에 특허 번역을 하거나 과학서를 검토하면서 쉬는 것을 종종 봤다. 그래서 나는 닉센을 하는 것이 게으른 일이 아님을 안다. 작가 친구인 사마라(Samara) 또한 이렇게 말했다. "아무도 나더러 게으르다고 말하지 못할 거야. 나는 일도 열심히 하고 닉센도 열심히 하거든."

"게으름은 부정적인 의미를 담고 있습니다. 우리는 말하는 방식에 주의를 기울여야 합니다." 마티외 부아곤티에는 이렇게 말했다.

닉센에 관해 나와 대화를 나눈 수많은 전문가들은 지루함도 함께 언급했는데 두 가지 개념 사이에는 큰 차이가 있다. 뉴욕대학교의 심리학자 존 이스트우드(John Eastwood)에 따르면 닉센은 목적 없이 아무것도 하지 않는 상태지만 지루함은 만족할 만한 활동에 참여하지 못하는 상태를 경험하는 것으로 정의된다. 즉, 우리는 닉센은 원해서 하지만 지루할 때는 무언가 다른 일을 찾게 된다. 나는 집 안을 청소할 때는 지루함을 느꼈지만 닉센을 할 때는 그렇지 않았다.

> **닉센은 책을 읽거나, 텔레비전을 보거나,**
> **소셜 미디어를 살펴보는 활동이 아니다**

나도 책을 읽거나 넷플릭스를 시청하거나 소셜 미디어를 기웃거리는 것을 '아무것도 하지 않는 일'이라고 부르고 싶다. 누군가가 우리에게 "뭐해?"라고 물으면 우리는 "아무것도 안 해!"라고 대답한다. 하지만 책을 읽거나 넷플릭스를 보는 것은 닉센이 아니다.

“사람들은 휴식을 많이 취한다고 생각하지만 실제로는 그렇지 않습니다. 한 오락거리에서 다른 오락거리로 옮겨갈 뿐이죠. 우리는 일을 하다가 잠시 스마트폰을 들여다봅니다. 계속 주의를 다른 데로 돌립니다.” 생산성 전문가 크리스 베일리는 이렇게 말한다.

우리가 온라인에서 무언가를 할 때는 ‘아무것도 하지 않는 상태’가 아니다. 일을 하거나, 소셜 네트워크를 관리하거나, 자료를 찾아보는 것이다. 이런 행동은 내가 멍하니 요리 영상을 보는 것처럼 할 일을 미루는 것뿐이다.

텔레비전도 마찬가지다. 우리는 재미를 얻거나 머리를 식히기 위해 텔레비전을 본다. 이는 긴장을 풀거나 새로운 것을 배우는 방법이지 닉센이 아니다. 우리는 이 중요한 차이를 알아야 한다.

물론 우리가 소셜 미디어를 이용할 때는 나름의 이유가 있다. 우리가 〈글리〉의 여섯 개 시즌을 처음부터 다시 보는 것 역시 마찬가지다. 모든 이유는 중요하다. 나는 재미있긴 하지만 그렇게 중요하지는 않은 활동을 하는 시간을 닉센을 하는 시간과 맞바꾸라고 말하려는 것이 아니다.

아무것도 하지 않는 것의 진정한 의미

• • • • •

닉센이 지닌 힘을 이해하고 제대로 인식하기 위한 첫 번째 단계는 아무것도 하지 않는 일에 대한 우리의 판단과 우리가 아무것도 하지 않는 것을 말하는 방식을 인정하는 것이다.

우리가 "아무것도 하지 않는다"라고 말할 때를 생각해보자. 우리는 아무것도 하지 않는다고 말할 때 보통 부끄러워한다. 일과 관련한 상황에서는 더욱 그렇다. 우리는 일을 해야 할 시간에 페이스북 페이지를 볼 때면 "아, 아무것도 아니에요"라고 말한다. '아무것'이라는 말은 어떤 면에서 중요하지 않다는 뜻으로 해석된다. 더 최악의 경우 바람직하지 않은 것으로도 여겨진다. 내가 가장 아끼는 카펫 위에 초콜릿과 과자 부스러기가 널려 있는데도 아이가 아무것도 하지 않았다고 말할 때를, 아무리 뒤져도 예전에 사둔 최고급 벨기에 초콜릿이 보이지 않을 때를 떠올려보자.

영국 심리학자 산디 만은 게으름에 관해 이렇게 말한다. "부정적인 용어처럼 들리죠? 사람들은 나는 너무 게을러, 하고 말하며 자기 자신을 질책하거나 다른 이들의 게으름을 비난합니다. 하지만 우리가 '오늘 아침은 빈둥거리며 보냈어'라고 말할 때 반드시 부정적인 의미가 담긴 것은 아닙니다. 오히려 좋은 시간을 보냈다는 뜻처럼 여겨지죠." 산디만은 게으름이 너무 심해질 때만 문제가 된다고 생각한다.

《뉴욕타임스》에 실린 내 기사가 갑자기 인기를 끌면서 주위 사람들은 나에게 닉센을 할 시간을 더 많이 확보하는 방법을 물었다. "나도 몰라요. 5분 동안 앉아서 그냥 해보세요!" 나는 이렇게 말했다. 별로 도움이 되지는 않았을 테다. 아무것도 하지 않는 일을 모두가 자연스럽게 할 수 있는 것은 아니기 때문이다.

우리는 왜 아무것도 하지 않기를 잘하지 못하는 걸까? 그 일이 왜 그렇게 힘들까? 곰곰이 생각한 끝에 나는 사람들에게 건네는 조언을 바꾸었다. 이제는 누군가 같은 질문을 던지면 "그냥 하세요, 할 수 있을 때. 그리고 할 수 없거나 너무 힘들 때, 혹 너무 짧은 시간밖에 내지 못하더라도 걱정하지 마세요. 한번 시도해보고 자신에게 맞는지 살펴보세요. 그리고 잊지 마세요. 단 몇 분만으로도 충분하다는 걸요."

닉센이 그토록 힘든 이유 중 하나는 우리가 가령 일보다 덜 생산적으로 보이는 일을 할 때 수치심을 느끼기 때문이다. 우리는 창문 밖을 바라보거나 가만히 앉아 있거나 방을 둘러보는 행위처럼 시간 낭비로 여겨지는 활동을 하찮게 여긴다. 따라서 즉각적인 결과가 따르지 않는 활동에 참여하기가 힘든 것이다. 우리가 닉센을 하는 동안 이루어지지 않는 모든 일을 생각할 때 우리는 아무것도 하지 않는 것에서 (즉각적인) 가치를 느낄 수 없다. "그냥 하라"라고 말하기는 쉽지만 사실 이를 수행하려면 관점을 백팔십도 바꾸어야 한다.

우선 닉센을 있는 그대로 바라보며 닉센이 가져오는 놀라운 효과를 직시해야 한다. 있는 그대로 말하는 데서 출발해보자. 페이스북을 보거나 넷플릭스를 시청할 때는 아무것도 하지 않는다고 말하는 대신 실제로 하고 있는 일을 말해보자. 죄책감을 느끼거나 무언가 더 나은 일을 해야 한다고 생각하더라도 말이다. 페이스북을 보는 시간과 장소도 필요하다. 넷플릭스를 연속으로 시청하는 시간도, 닉센을 하는 시간도 필요하다. 우리가 무언가를 할 때는 저마다의 이유가 있다. 그 모든 시간을 내 것으로 만들자.

닉센은 무작위로 수행하는 보잘것없는 활동이 아니다. 닉센으로 얻을 수 있는 이득은 중요하고 즉각적이며 지속적이다. 어떤 사람들은 "아무것도 하지 않는 것은 아무런 도움이 되지 않는다"라고 말하지만 나는 이렇게 말하고 싶다. "아무것도 하지 않는 데는 충분한 이유가 있다."

어떻게 실천할 것인가

• • • • •

닉센을 수용하면 비로소 스스로에게 조금의 휴식을 허락할 수 있다. 바쁜 상태에서 벗어나 속도를 늦춰야 할 필요성을 깨닫게 된다. 닉센을 하려면 긴장을 늦추고 휴식을 취할 공간과 시간을 찾기 위해 노력해야 하지만 우리 자신이나 우리의 삶을 크게 바꿀 필요는 없다.

아무것도 하지 않는 시간을 원하고 필요로 하지만, 자신은 그럴 자격이 없다고 생각하는 이들도 있다. 이들은 이렇게 생각할지도 모른다. '하루 동안 2주 치 일을 해놓은 다음에 닉센을 할 거야. 집이 아주 말끔하고 아이들이 모두 잠자리에 들었을 때, 반찬을 잔뜩 만들어놓은 뒤에 말이지.'

여러분이 이런 사람이라면 닉센을 하기 위해 허락을 받을 필요가 없다는 사실을 깨닫기 바란다. 잠시 휴식을 취한다 하더라도 우리는 얼마든지 가치 있는 인간이 될 수 있다.

그래도 확신하지 못하는 이들을 위해 아무것도 하지 않는 것에 대한 관점을 바꾸는 데 도움이 될 몇 가지 방식을 소개하겠다. 닉센이 얼마나 가치 있는 일인지 깨닫기를 바란다.

휴식 취하기

"휴식은 무엇일까요?" 코치이자 생산성 전문가인 크리스 베일리에게 물었다. 그가 나에게 준 답은 정확히 닉센처럼 들렸다. "제가 휴식으로 분류하는 활동은 딴생각을 조금 하는 것입니다. 무언가에 완전히 집중하지 않고 어떤 식으로든 자신의 주의력을 통제할 필요가 없는 상태죠." 베일리는 휴식 시간에 아예 아무것도 하지 않을 수는 없지만 중요한 점은 특정 대상에 집중하지 않는 것이라고 말한다.

영국 심리학자 산디 만은 사람들은 감각이 투입되지 않은 상황, 즉 주의를 앗아가는 대상이 전혀 없는 상황에 놓이면 처음에는 혼란스러워하지만 이내 그 상황에 익숙해진다고 말한다. 그 상황에서 벗어난 뒤 그들은 산디 만에게 그 시간이 일종의 휴가처럼 느껴졌다고 말했다고 한다.

휴가는 물론 닉센을 하기에 더없이 좋은 시간이다. 해안가나 숲, 산은 하이킹이나 수영, 맛있는 음식을 즐기기에 훌륭한 장소일 뿐만 아니라 닉센을 하기에 완벽한 장소이기도 하다. 해안가에서 휴식을 취하고 파도가 모래에 부딪히는 풍경을 지켜보는 것은 네덜란드인들이 여름에 종종 하는 일이다.

숲에서 소나무 냄새를 맡고 조용하게 휴식을 취한 뒤 소풍을 떠나라. 닉센은 휴식 시간, 조용한 시간이다. 긴장을 풀고 느긋하게 있는 순간을 찾는 시간, 생각에 조금 잠기는 시간이다.

자기 관리

자기 관리라는 용어를 썩 좋아하지 않는다. 자기 관리는 개인의 책임만은 아니기 때문이다. 게다가 이 단어를 들으면 어쩐지 비싼 스파 리조트와 거품 목욕이 떠오른다. 하지만 오늘날 흔히 쓰이는 용어이므로 여러분이 닉센을 하고 싶지만 생산적이지 못하다는 점에 죄책감을 느낀다면 이 용어를 사용하는 데 반대하지 않는다. 자기 관리는 하던 일을 잠시 멈추고 자신에게 쉴 틈을 준다는 의미가 될 수도 있다. 브리아나 위스트(Brianna Wiest)의 말을 빌리면 이는 "벗어나고 싶지 않은 삶을 구축하는 것"이다.

"아무것도 하지 않는 것은 자기 관리의 한 형태가 될 수 있습니다. 하지만 상업적인 의미의 자기 관리는 아니죠. 저에게는 이 둘의 차이가 중요합니다. 자기 관리와 자기계발이라는 개념은 자아의 상업적인 버전, 최적화와 경쟁을 추구하는 버전의 경계를 강화하기 쉬우니까요." 예술가이자 작가인 제니 오델은 말한다.

자기 관리는 자신에게 초점을 맞추지만 이기적이지 않다. "저는 '아무것도 하지 않는 것'이 자아를 보호하거나 단순히 위로하는 행위라고 생각하지는 않습니다. 오히려 지역 공동체와 주변 환경을 향해 열린 자세를 취하는 것이죠. 자아를 주변 환경에 맞춰 재조정하는 것입니다." 제니 오델은 나에게 보낸 이메일에서 이렇게 말했다. 그렇게 보면 닉센은 커뮤니티를 위한 서비스로 볼 수 있다. 이기적인 태도와는 거리가 멀다. 자기 관리는 늘 화려하지도 않고 럭셔리 스파에서 이루어지지도 않는다. 사실 자기 관리는 굉장히 따분하고 지루한 일일 수 있다. 건강한 식사, 규칙적인 운동, 청결한 집을 생각해보자. 이 모든 것이 자기 관리다. 이 목록에 조금의 닉센을 추가해보자. 아무것도 하지 않는다고 기분 나쁠 건 없다. 건강한 식사를 하는 데 불쾌한 사람은 없지 않은가? 닉센은 일이 아니라고 말했지만 여기에서만은 예외로 하기로 한다. 닉센은 자기 자신을 관리하는 일이다.

몽상

몽상하기를 좋아하던 어린 시절의 나는 소파에 앉아서

아무것도 하지 않는 날들이 많았다. 정확히 말하면 아무것도 하지 않은 것은 아니다. 나는 미래의 나를 상상했고 읽은 소설의 줄거리를 떠올리거나 소설이 주는 순수한 기쁨을 생각하기도 했다. 다시 말해 나는 몽상에 잠긴 것이다.

몽상은 내가 가장 좋아하는 활동이었으며 지금도 시간이 날 때면 나는 기꺼이 몽상에 빠진다. 나만 그런 것은 아니다. 우리의 마음은 지금 이 순간에 잘 머물지 못한다. 과거의 추억에 잠기거나 미래로 날아가 버린다. 우리는 하루의 절반에 가까운 시간을 몽상하는 데 쓴다. 아무것도 하지 않는 시간에 반드시 몽상을 하는 것은 아니지만 그럴 때가 분명 있다.

마음챙김과는 달리 몽상하는 데는 닉센이 그러하듯이 준비나 훈련, 특별한 방이나 음악이 필요하지 않다. 그저 우리가 얼마나 쉽게 몽상에 빠지는지 알아채기만 하면 된다. 자신이 몽상에 젖는 순간을 알아내 그 순간을 마음껏 즐기기 바란다! 몽상에 빠질 때 닉센을 한다고 생각하면 닉센에 더 쉽게 다가갈 수 있을 것이다.

닉센이 무엇인지 있는 그대로 말해보자. 페이스북을 보거나 넷플릭스를 시청할 때면 “아무것도 하지 않고 있다”라고 말하는 대신에 자신이 지금 하고 있는 일을 그대로 말하자. 우리에게는 페이스북을 볼 시간과 공간이 있으며 질릴 때까지 넷플릭스만 볼 시간, 닉센을 할 시간이 따로 있다. 우리가 이 모든 활동을 하는 데는 저마다의 이유가 있다. 그 모든 시간을 내 것으로 만들자. 아무것도 안 하기 위해 다른 사람에게 허락을 받을 필요는 없다. 생산적이지 못하더라도 우리는 여전히 가치 있는 인간이다.

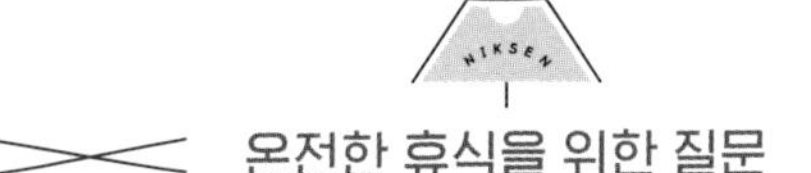

온전한 휴식을 위한 질문

- 나는 매일 바쁘고 스트레스를 받는가?
- 최근에 아무것도 하지 않은 때가 언제인가?
- 책에서 제시한 방법 중 나에게 가장 유용한 방법은 무엇인가?

INSIGHT 2

전 세계 사람들이 아무것도 하지 않는 방법

전 세계 수많은 사람들이 저마다 아무것도 하지 않는 독창적인 방법을 찾아내 실제로 행하고 있다. 몇 가지 사례를 살펴보겠다. 내가 발견하지 못한 것들도 많겠지만 대표적인 사례만 모아봤다.

돌체 파르 니엔테(Dolce far niente)

이탈리아는 훌륭한 음식과 여유로운 생활 방식으로 유명하다. 두 가지가 합쳐져 돌체 파르 니엔테(Dolce far niente)라는 말이 탄생한 것도 놀랄 일이 아니다. 말 그대로 아무것도 하지 않음의 달콤함이라는 뜻으로 아무것도 하지 않는 것을 기분 좋게 묘사했다는 점에서 영어의 "스위트, 스위트 나싱(sweet, sweet nothing, 달콤한 게으름)"이나 네덜란드어의 "레커르 닉센(lekker niksen, 맛있는 닉센)"과 비슷하다.

컬럼비아 경영대 마케팅 조교수이자 이탈리아인인 실비아 벨레자는 이렇게 말한다. "이는 부정적인 의미가 아닙니다. 돌체 파르 니엔테는 책을 읽는 행위가 될 수도 있으니까요. 비생산적이지만 즐거운 활동을 가리킵니다. 영화를 보는 것일 수도 있죠. 게으른 것이 아닙니다."

시에스타(Siesta)

시에스타는 지중해 국가, 특히 스페인과 프랑스에서 인기 있는 활동이다. 날씨가 너무 더워 야외 활동을 하기 어려운 대낮에 낮잠을 자며 닉센을 할 수 있는 시간이기도 하다.

안식일(Sabbath)

금요일 해 질 녘에 시작되어 토요일 해 질 녘에 끝나는 안식일은 유대인이 예배, 가족, 공동체에 내어주는 시간이다. 안식일이 시작되기 전에는 음식을 준비하는데 안식일 기간에는 일하는 것은 물론 전기를 사용하거나 일체의 스크린을 보는 일이 금지되기 때문이다. 안트베르펜에 사는 하시드파 유대인 여성인 레베카 벡(Rebecca Beck)이 나에게 말해준 사실이다.

게으름은 부정적으로 인식될 수 있지만(유대 문화에서는 성실함을 높이 평가한다) 안식일은 중요한 전통으로 많은 유대인이 이 날을 지킨다. 우리도 일주일에 한 번은 하루 종일 스크린에서 멀어져 고요한 명상의 시간을 가져보면 어떨까?

게으름뱅이 운동

네덜란드에 닉센이 있다면 영국에는 게으름뱅이 운동이 있다. 이 운동을 이끈 톰 호지킨슨(Tom Hodgkinson)은 이상적인 세상이 "자전거를 타고 휘파람을 불며 서로에게 모자를 들어 보이는 사람들로 가득한 곳입니다. 교외로 긴 산책을 떠나고 노닥거리는 거죠"라고 말했다. 내가 생각하는 네덜란드인의 모습에 가깝다.

무위

'아무런 행동도 취하지 않음'으로 번역될 수 있는 무위는 중국에서 가장 영향력 있는 철학자 중 한 명인 노자의 도교 가르침에서 유래했다. 중국어 교사이자 '미스

판다 차이니즈'라는 블로그를 운영하는 어맨다 슝 블로젯(Amanda Hsiung Blodgett)은 이렇게 말한다. "무위를 염세적이고 수동적인 개념으로 보는 이들도 있죠. 하지만 긍정적으로 해석할 수도 있습니다." 무위는 목적 없음으로 해석할 수도 있다. 닉센의 정의 중 하나인 '목적 없이 무언가를 하는 것'과 비슷하지 않은가?

내면의 돼지 개를 꺼내다

일부 국가나 문화에서는 아무것도 하지 않는 것을 부정적으로 바라본다. 그러한 곳에서는 효율성, 훌륭함, 성실 등이 높이 평가받는데 독일은 바로 그러한 국가 중 하나다.

내가 가장 좋아하는 독일어 표현으로 "내면의 돼지 개를 꺼내놓아라(den inneren Schweinehund auslassen)"라는 말이 있다. (슈바이네훈트Schweinehund는 돼지에 가깝지만 나는 돼지 개라는 표현이 마음에 든다). 구글에 innerer Schweinehund라고 치면 내면의 게으른 짐승, 즉 슈바이네훈트와 싸우는 법을 설명하는 수많은 기사가 뜬다. 독일에서 이 용어는 비판적인 의미, 심지어 모욕적인 의미를 지닌다.

윅셔너리는 이 용어를 '어깨 위의 악마' 혹은 '약하고 게으른 심성'으로 해석한다. 훌륭한 선택을 내리는 것도 중요하지만 때로는 내면의 게으른 짐승을 꺼내는 것도 나쁘지 않다.

다른 국가에서 닉센은 한결 긍정적인 의미로 여겨진다. 스와힐리어 스타레헤(starehe)는 '편안하게 만족한'이라는 뜻이다. 햇볕을 만끽하며 아무것도 하지 않은 상태에서 만족감을 느끼는 것, 동료 작가 와카니 호프만(Wakanyi Hoffman)은 그게 바로 스타레헤라고 말해주었다. 닉센과 정말 비슷하지 않은가?

수상 경력을 자랑하는 블로그 '여행을 시작하라'를 운영하는 일제 레비나(Ilze Levina)는 원래 라트비아 출신이지만 독일에 살고 있다. 그녀는 자신의 모국어로 구르고티스(gurkoties)가 '피클처럼 늘어지다' 혹은 '오이처럼 빈둥대다'로 번역된다고 말해 나를 웃게 했다.

전 세계 사람들이 저마다 아무것도 하지 않는 방식은 다채롭고 실로 독창적이다. 오이처럼 빈둥대든, 내 안의 돼지 개를 꺼내든 긴장을 푸는 시간을 갖고픈 우리의 욕망을 표현하는 방법에는 끝이 없다. 닉센은 특별한 게 아니라 우리 삶의 일상적인 활동에 가깝다.

CHAPTER 3

아무것도 하지 않으면 달라지는 것들

나는 또다시 소파에 앉아 있다. 이번에는 일하거나 생각하거나 심지어 무언가를 읽고 있지도 않다. 나는 닉센을 하고 있다. 편안하게 앉아 있는 것만으로도 기분이 좋다. 이따금 자리에서 일어나 빨래를 하고 싶다는 충동을 느끼지만 무시한다. 마침내 닉센을 할 수 있는 상태이기 때문이다. 이 소중한 몇 분 동안 힘든 일은 생각하지 않는다. 몸에서 스트레스가 빠져나가는 것이 느껴진다. 편안하지만 기민한 상태다. 하루를 시작할 준비가 끝났다. 잠시 후 무슨 일인가 벌어지는 것이 느껴진다. 머릿속에서 생각이 떠다닌다. 생각들은 서로 부딪혀 새로운 생각을 낳고 새로운 생각은 앞선 생각보다 독창적이다.

이런 순간은 그다지 오래 지속되지 않는다. 온갖 집안일이 여느 때처럼 조만간 나를 다시 잠식할 것이다. 하지만 이 순간만큼은 지금 여기 있지 않은가? 더없이 좋다. 이런 순간을 더 자주 느껴도 좋겠다.

잠시 후 일을 시작하려고 자리에서 일어나자 일이 술술 풀린다. 가장 싫어하는 일도 별문제 없이 처리한다. 결정을 내리는 일이 쉬워지고 내가 내린 결정에 만족한다. 모든 일을 할 수 있는 초능력으로 무장한 기분이다. 평소보다 여유로워졌거나 해야 할 일이 줄어든 것도 아니다. 여전히 일이 나를 기다리고, 보살펴야 할 아이들이 있으며, 매일 돌보아야 하는 집이 있다.

그러나 짧지만 강력한 휴식을 취하고 나자 일을 더 잘 처리할 수 있을 것만 같은 기분이 든다. 늘 그렇듯 해야 할 일들이 나에게 돌진하지만 나는 단도를 든 사람처럼 그사이를 민첩하게 헤쳐나간다. 심지어 창의적이고 즐거우며 의욕적이다. 이런 상태는 닉센과 무슨 관련이 있을까?

아무것도 하지 않을 때도 뇌는 활동한다

• • • • •

"뇌가 작동하는 방식을 알아내는 기본적인 방법은 뇌

더러 무언가를 하라고 요청하는 것입니다. 일을 만들어내는 거죠." 신경학자이자 워싱턴 의대 교수인 마커스 라이클(Marcus Raichle)은 자신이 발견한 놀라운 현상에 관해 얘기를 꺼내며 이렇게 말했다.

아무 일도 하지 않으면 뇌 또한 아무 일도 하지 않으리라는 생각이 한동안 지배적이었다. 하지만 라이클의 실험 결과는 달랐다. 그는 피실험자들에게 기능적 자기공명영상(fMRI) 스캐너에 들어간 뒤 한동안 가만히 있으라고 요청한 다음 그 결과를 할 일을 준 다른 참가자들의 결과와 비교했다. 자기공명영상 스캐너는 특정 뇌 부위의 혈류와 관련한 변화를 감지함으로써 뇌 활동을 측정한다(뇌의 특정 부위를 사용할 때는 해당 부위 혈류량이 증가한다).

놀랍게도 일을 하고 있을 때 뇌의 특정 영역은 활동이 감소했다. 반대로 참가자들이 가만히 누운 채로 특정한 일을 하고 있지 않을 경우 뇌의 온갖 주요 연결망을 포함한 특별 네트워크가 활성화했다.

라이클은 이를 디폴트 모드 네트워크(default mode network)라 부른다. "우리의 뇌는 늘 활성화되어 있습니다." 그는 우리가 아무런 일을 하고 있지 않을 때도 마찬가지라고 말한다. 라이클은 사람들이 특정한 일을 수행하지 않을 때 뇌가 어떤 움직임을 보여주는지 지도로 그리기 시작했다. 예상을 깨고 이때 뇌는 더 활발하게 움직였다. 게다가 이 특별 네트워크에는 언제나 뇌의 같은 부위가 관여했다.

다시 말해 닉센이 바로 기본 상태, 즉 디폴트 모드이며 우리는 내면의 욕망이나 걱정 혹은 돈 같은 외부 자극에 동기부여될 때만 뇌의 특성 영역이 '깨어나는' 것이다. 우리가 업무에 착수하면 뇌의 특정한 영역이 활성화하며 다른 부위는 (최소한 잠시 동안) 차단되고 또 다른 부위는 자기 차례를 기다린다.

"우리가 스캐너에 누워 있을 때 뇌는 아주 협조적으로 작동하죠. 우리가 아무것도 하지 않을 때도 뇌는 많은 일을 합니다." 그의 말에 나는 점차 빠져들었다. 우리의 뇌는 아무것도 하지 않는 것을 전담하는 신경망 네트워크를 갖고 있다는 말인가?

업무에 집중할 때 신체의 가장 중요한 부위인 뇌가 아무런 일도 하지 않는다는 뜻은 아니다. 뇌가 당장의 업무에 필요한 부위로 에너지와 자원을 보낸다는 뜻이다. 이 때문에 다른 중요한 활동이 희생되는 것은 아니다. 오케스트라에서 오보에를 연주하기도 하는 라이클은 뇌의 각 부위를 오케스트라 단원에 비유했다.

"75명의 오케스트라 단원이 무대에 서죠. 음악은 이들이 함께 만들어내는 결과물입니다. 각 연주자와 그들이 연주하는 악기는 큰 그림의 일부예요." 모든 악기가 함께 소리를 낼 때도 있고 피아노나 바이올린만 두드러질 때도 있다. 독주자와 오케스트라 모두 조화로운 소리를 내기 위해 협력한다. 전체가 제대로 기능하려면 모든 부분이 똑같이 중요한 것이다.

라이클은 디폴트 모드가 뇌의 중요한 모드라고 생각한다. "이 시스템이 활성화하는 것이 중요합니다. 정말 놀랍지 않나요. 당장 주어진 일이 없을 때 뇌에서 일어나는 일 말이에요. 뇌는 스스로에게 조용히 말을 건네는 거예요." 아무것도 하지 않을 때 뇌는 무엇을 하냐고 묻자, 그는 잠시 생각에 잠기더니 이렇게 대답했다. "모든 일을 하죠."

생산성은 시간에 비례하지 않는다

• • • • •

"어떻게 100시간을 들여 쓴 기사는 아무도 안 알아주고 12시간 만에 쓴 기사는 엄청난 인기를 끈 거죠?" MIT의 경영학 교수이자 『그는 어떻게 그 모든 일을 해내는가』의 저자인 로버트 포즌(Robert Pozen)은 나를 놀리듯 이렇게 말했다. 그의 말은 사실이었기에 나는 고개를 끄덕일 수밖에 없었다. 내가 비교적 짧은 시간에 써낸 기사와 블로그 포스트를 수많은 이가 읽었고 높은 평가를 했다. 하지만 오랜 시간 공들여서 쓴 이야기는 잊힐 때가 많았다.

"언제 더 생산적이었죠?" 그는 나에게 물은 뒤 스스로 답했다. "12시간 동안 일했을 때였죠? 당신이 하는 일에 집중하고 당신의 글을 읽을 사람들이 무엇을 원하는지 알아차렸으며 우선순위를 제대로 파악했기 때문이죠." 하지만 기사를 쓰는 데 100시간을 할애했다고 자랑하는 편이 훨씬 더 인상적으로 보이지 않나?

포즌의 관점에서는 우리가 무언가를 하는 데 쏟는 시간은 별로 자랑스러운 것이 아니다. 하지만 우리는 직장에서든 가정에서든 많은 시간을 쏟을수록 더 나은 결과가 나온다고 생각한다. 더 오래 일할수록 더 열심히 일하는 거라고 믿는다. 가치를 단순히 시간으로 평가한다. 하지만 그래서는 안 된다.

"주위에서 쉽게 목격할 수 있는 일이죠. '나는 날마다 밤 10시까지 일하는 훌륭한 직원이야'라고 말하는 이들이 있어요. 과연 정말로 그럴까요?" 생산성 전문가인 크리스 베일리는 생산성과 관련한 조언에 비판적이다. "생산성에 관한 글들을 읽으면 시간을 효율적으로 쓰게 되고, 일을 더 잘하게 되고, 더 잘살게 될 거라 믿게 되죠. 하지만 모든 조언이 그에 부합하지는 않습니다." 그는 이렇게 설명한다.

그는 내가 닉센이라 부르고 그가 딴생각이라 부르는 것이야말로 생산성을 높이고자 하는 이들에게 필요한 훌륭한 조언이라고 말한다. 딴생각을 할 때는 스스로에게 무언가에 집중하라고 강요할 필요가 없기 때문에 에너지를 다시 채울 수 있다는 것이다.

현대의 근로 문화에서 우리는 장시간 근무를 해야 무언가를 해낸 것처럼 착각하는 경향이 있다. 그 결과 정말로 중요한 일보다는 당장 결과가 눈에 보이는 일에 집중한다.

"우리는 막 팀에 들어온 새로운 직원들을 멘토링하며 보내는 것보다는 메일함에 쌓여 있는 메일에 하나하나 답을 하며 보내는 하루가 더 생산적이라 느낍니다. 하지만 새로 온 직원을 멘토링하면서 얻는 장기적이며 지속적인 영향을 전부 더하면 그 결과가 엄청납니다." 크리스 베일리는 말한다. "그들은 회사에 계속해서 남겠죠. 더 행복해지고 동기부여도 더 잘될 겁니다. 다른 이들을 도울지도 모르고요."

하지만 멘토링이 가져올 결과는 미래에나 알 수 있으며 긴급한 사안이 아니기 때문에 사람들은 대부분 메일함을 비우는 편이 더 생산적인 일이라고 생각한다.

"얼마나 오래 일하는지가 아니라 얼마나 많은 일을 해내는지에 초점을 맞춰야 합니다." 로버트 포즌도 크리스 베일리에 동의한다.

생산성을 높이기 위해 오히려 아무것도 하지 않는 편이 나을지도 모른다. 어쩌면 생산성을 높일 필요가 없을지도 모른다. 그저 소파에 누워서라도 혹은 가족을 돌볼 때, 미술관에 갈 때, 즉각적인 목표나 측정 가능한 결과를 얻을 수 없는 다른 일을 할 때도 생산적인 일을 하고 있다고 생각의 전환을 하는 게 더 중요하다.

최고의 아이디어는 왜 샤워 중에 떠오를까?

"저는 사람들을 방음실로 데리고 가 핸드폰을 두고 들어가라고 말합니다. 그러고는 당신이 어떤 기분이 들지 살펴보려고 한다고 말하죠." 심리학자 산디 만은 이렇게 말한다.

처음에 사람들은 불편한 기색이 역력하지만 잠시 후 아무런 할 일이 없는 상태에 편안함을 느끼며 한결 차분한 상태로 방에서 나온다. 이는 아무것도 하지 않는 것이 사람들을 창의적으로 만드는지를 알아보기 위한 실험으로 실험 결과는 예상과 같았다.

"저는 이 사람들을 상대로 창의력 테스트를 했습니다.

지루함을 느낀 사람들은 그렇지 않은 사람보다 창의적이었죠. 지루함은 우리를 창의적으로 만들어줍니다. 문제를 해결하고 통통 튀는 아이디어를 생각해내는 능력이 향상하죠." 그녀는 이렇게 설명한다. 하지만 이 지루한 상태는 컴퓨터 앞에 멍하니 앉아서 화면을 스크롤하거나 자신의 하루를 SNS에 전시하는 모습과는 거리가 멀다. 이 실험에서 중요한 것은 우리의 주의를 앗아가는 대상에서 벗어나 자유롭게 몽상에 잠길 수 있도록 특정한 장소에 고립된다는 점이다. 결국 나는 이 실험이 지루함에 관한 것이 아니라 닉센에 관한 연구였다고 본다.

"우리는 지금보다 게을러지고 아무것도 하지 않아야 합니다. 정신이 지루해질 대로 지루해져서 스스로 자극을 찾도록 내버려 둬야 하죠." 산디 만은 이렇게 말한다. 아무것도 하지 않는 것과 창의적인 일 간의 경계가 때때로 애매모호한 이유다.

크리스 베일리는 뜨개질을 정말 열심히 한다. 그는 뜨개질이 긴장을 내려놓고 딴생각을 하는 데 아주 효과적이라고 말한다. "딴생각을 할 때 우리의 정신은 과거에 했던 생각을 현재 우리가 직면한 문제와 연결 지을 수 있는 지점으로 끌고 오죠. 앞으로 그 문제를 해결하는 방법을 이끌어내는 겁니다." 그는 창의적인 해결책이 탄생하는 과정을 이렇게 설명한다.

"딴생각은 우리 마음속을 헤집고 다니는 수많은 아이디어를 새로운 아이디어로 탈바꿈해요. 그런 방식이 아니었으면 절대로 생각해내지 못했을, 온 신경을 쏟았다면 절대로 도출해내지 못했을 아이디어죠." 베일리는 이렇게 말한다.

샤워를 할 때, 소파에 앉아 있을 때, 뜨개질을 할 때, 닉센을 할 때, 아이디어가 마법처럼 합쳐지는 이유다. 조용하고 언뜻 보면 수동적으로 보이는 활동은 확실한 깨달음의 순간보다 눈에 덜 띄고 덜 인상적이지만 중요하기로는 뒤지지 않는다.

새로운 아이디어가 떠오를 때면 나는 내가 틈만 나면 자료를 읽고 또 온라인에서든 오프라인에서든 다른 사람의 생각에 귀를 기울였기 때문에 그러한 아이디어를 얻은 것인지 궁금해진다. 혹시 한 프로젝트와 다음 프로젝트 사이에서 보낸 조용한 시간 덕분은 아닐까? 분명 열심히 일하는 순간도 중요할 것이다. 하지만 이제는 닉센을 하면서 아이디어를 배양하는 시간이 그만큼 중요하다는 것도 안다.

〈창의적이 되려면〉이라는 연설에서 몬티 파이선(Monty Python, 영국 최고의 코미디 그룹으로 깊은 철학과 유치한 몸 개그, 신랄한 풍자와 휴머니즘을 버무린 쇼를 선보인다-옮긴이)의 존 클리즈(John Cleese)는 사람들이 둘 중 한 가지 모드에 들어간다고 말한다. 닫힌 모드 아니면 열린 모드다. 닫힌 모드는 일할 때 느끼는 모드다.

다소 초조하고 긴장한 모드로 유머는 찾아보기 어려우며 목적의식을 갖고 일하기 때문에 스트레스를 많이 받는 정신 없는 상태라고 설명한다. 마감이 있거나 특정한 목적을 달성하기 위해 일할 때 우리가 느끼는 감정이다. 닫힌 모드는 효율적으로 업무를 마치는 데는 도움이 되지만 창의적인 상태라 할 수는 없다.

반면 열린 모드에 관해서는 이렇게 설명한다. "느긋하고 마음이 풀린 상태로 목적의식이 뚜렷하지 않은 모드입니다. 사색에 잠기고 유머도 나오죠. 그 결과 닫힌 모드보다는 더 유쾌한 상태예요. 호기심이 작동하는 상태입니다. 특정 업무를 빨리 수행해야 한다는 압력을 받지 않기 때문이죠. 우리는 이때 놀이를 하기도 하는데 바로 그때 창의력이 자연스럽게 발휘됩니다."

정확히 닉센에 관한 설명처럼 들린다. 주의를 앗아가는 대상과 감각 신호가 없는 상태에서 우리의 정신은 즐길 만한 대상을 스스로 찾아 결국 창의적이고 독창적인 아이디어를 만들어낸다. 이러한 아이디어의 씨앗은 이미 그곳에 있었지만 조용하게 닉센을 하는 동안 창의력이 반짝 빛나게 되는 것이다.

클리즈의 말에 따르면 창의력을 빛나게 하는 몇 가지 요소가 있다고 한다. 거의 대부분이 닉센과 관련 있다.

나만의 장소

창의력을 발휘하기 위해서는 온갖 잡일에서 벗어난 나만을 위한 장소를 마련해 자기 자신을 봉쇄해야 한다. 물론 여기서 장소라는 개념은 유동적이다. 방에 놓인 책상처럼 실질적인 장소도 될 수 있지만, 자신만의 정신의 장소도 될 수 있다. 중요한 건 주의를 산만하게 하는 것들로부터 차단되어야 한다는 것이다.

잠깐의 시간

클리즈는 창의적인 일을 하려면 장소뿐만 아니라 가만히 앉아 있을 수 있는 특정 시간이 필요하다고 말한다.

"특정한 시간을 가져야만 우리가 일상에서 습관적으로 작동시키는 닫힌 모드에서 완전히 벗어날 수 있습니다."

역설적이게도 창의력을 무한대로 발휘하려면 경계가 필

요하다. 아침 내내 혹은 한나절이 필요하지는 않다. 날마다 그런 시간을 확보할 필요도 없다. "매일 1시간 30분이라는 정해진 시간을 보내는 것보다는 지금 1시간 30분, 다음 주 목요일에 1시간 30분, 그다음 주에 1시간 30분을 갖는 편이 낫습니다." 클리즈는 이렇게 말한다.

닉센도 마찬가지다. 조금씩 하는 편이 바람직하다. 그리고 아예 안 하는 것보다는 조금이라도 하는 편이 낫다.

불편함을 견디는 태도

우리에게는 불편하더라도 자리에 앉아 생각을 할 시간이 필요하다. "해결해야 할 문제가 있다면 우리는 그 문제를 해결하기 전까지 내적으로 초조해하고 긴장을 느끼며 우리를 불편하게 만드는 불확실성을 마주합니다. 우리는 이러한 불안을 없애고 싶어 하죠. 그래서 결정을 내립니다. 최고의 결정이라고 생각해서가 아니라 결정을 내리면 기분이 나아지기 때문입니다." 클리즈는 이렇게 말했다.

창의적인 사람과 그렇지 않은 사람 간의 차이에 관해서는 이렇게 말했다. "창의력이 뛰어난 사람은 이 같은 불편함을 훨씬 더 오래 견디는 법을 안다는 것입니다. 그들은 더 오래 심사숙고하기 때문에 그들이 내놓는 해결책은 더 창의적이기 마련이죠."

닉센도 마찬가지다. 닉센을 하는 시간은 불편할 수도 있다. 우리가 금세 스마트폰이나 전자기기로 주의를 돌리는 이유다. 하지만 한동안 이런 불편함을 마주한 채 앉아 있다 보면 닉센이 불러오는 효과를 체험할 것이다. 창의력이 샘솟는 경험이다.

더 나은 의사 결정을 하게 된다

• • • • •

나는 직관적인 사람이 아니다. 나는 다양한 측면에서 문제를 검토하고 가장 논리적이라고 판단한 해결책을 선택한다. 직감을 따를 때보다는 논리적인 사고를 이용해 결정을 내릴 때 기분이 좋다.

나는 우리가 언제나 직감보다는 논리를 선택해야 한다고 주장하는 기사를 쓰기도 했다. 노벨경제학상을 받은 대니얼 카너먼(Daniel Kahneman)은 『생각에 관한 생각』에서 직관을 놓고 열띤 주장을 펼친다. 그는 직관이 경험적이며 시간을 절약해주지만 잘못된 결정으로 우리를 이끄는 지름길이라고 말한다.

나는 그 후 네덜란드 심리학자이자 교수, 행복 연구가인 압 데이크스테르하위스(Ap Dijksterhuis)와 대화를 나눴다. 그의 얘기를 듣고 나서도 논리를 우선하는 내 생각이 바뀌지는 않았으나 직관의 가치를 조금 더 생각해보게 되었다. 그가 수행한 다섯 차례의 실험에 따르면 집을 사거나 룸메이트를 선택하는 것처럼 아주 복잡한 문제를 결정해야 하는 상황에서 사람들은 직관적인 선택을 할 경우 훨씬 더 정확했고 만족스러워하는 것으로 나타났다.

참가자들은 세 그룹으로 나뉘었다. 첫 번째 그룹은 선택지를 모두 살펴본 뒤 바로 결정을 내려야 했다. 두 번째 그룹에는 고민할 시간을 3분 주었으며 각 결정의 장단점을 의식적으로 살펴보게끔 권했다. 세 번째 그룹은 3분 동안 집과는 관련 없는 업무를 한 뒤 결정을 내려야 했다. 다섯 번에 걸친 실험에서 다른 업무를 해야 했던 세 번째 그룹이 한 번도 빠짐 없이 가장 올바른 결정을 내렸다.

논리에 따른 의식적인 사고는 삶에서 중요한 결정을 내릴 때, 특히 변수가 많지 않은 상황일 때 유용하다. 하지만 이런 사고방식에는 한계가 있다.

"직감이 훨씬 더 유용할지도 모릅니다. 직관이 없는 상태에서 억지로 결정을 내려야 할 경우 안 좋은 결과를 맞닥

뜨릴 수 있죠." 압 데이크스테르하위스는 이렇게 말한다. 하지만 이 방법에는 주의할 점이 있다. 직관을 바탕으로 정확한 결정을 내리기 위해 참가자들은 아무것도 하지 않거나 해당 결정과는 관련 없는 다른 활동을 해야 했다. 따라서 중요한 결정을 내려야 하는 상황에 마주하거든 소파에 앉아서 한동안 닉센을 하기 바란다.

데이크스테르하위스는 논리적인 사고를 할 때 뇌는 선형적으로 작동한다고 말한다. 수학 등식처럼 문제를 하나씩 순서대로 해결해나가는 것이다. 하지만 복잡한 결정을 내릴 때는 동시에 여러 문제를 해결해야 한다. "의식적인 결정을 내릴 때 우리는 가장 중요한 한두 가지 문제에 집중하죠. 무의식적인 결정을 내릴 때는 훨씬 더 많은 문제를 생각하고요. 집중하지 않는 것이 도움이 되기도 합니다."

직관은 틀릴지도 모르지만 우리를 올바른 선택으로 이끌 수도 있는 것이다. 『생각에 관한 생각』에서 대니얼 카너먼은 게리 클라인(Gary Klein)과 함께 수행한 연구를 소개한다. 연구 결과에 따르면 소방관들은 화재로 바닥이 무너지는 순간을 정확히 예측했다.

소방관들은 열기가 올라오는 것을 느끼며 언제 어떻게 철수할지를 판단했다. 바로, 경험과 직관에 의존한 것이다. 경험이 누적되지 않은 경우에는 이런 방법이 별다른 효과가 없었다.

시간이 부족하고 정보도 부족할 경우 본능을 따를 수 있다. 본능은 그러라고 있는 것이다. 본능에 따라 내린 결정이 최선은 아닐지 몰라도 동전을 던지는 것보다는 나을 테다.

직감은 특정 분야나 정황을 잘 아는 상황에서 효과적이다. 과학자들의 말을 빌리자면 '친절한 학습 환경', 다시 말해 경험과 그 결과를 직감으로 치환할 수 있도록 피드백이 제공되는 학습 환경이다. 예를 들어 직감이 특정한 양념을 요리에 사용하라고 말할 때, 우리는 그 즉시(소스를 맛볼 때 웃음이 나오느냐 아니면 얼굴을 찡그리게 되느냐에 따라) 혹은 저녁을 차린 뒤에 그 결과를 알 수 있다. 그 결과에 따라 다음번에 저녁을 준비할 때 같은 양념을 또 사용할지 아니면 다른 것을 사용할지 판단한다.

닉센은 사치가 아니라 필수 활동이다. 몸은 닉센을 원한다. 뇌 또한 주어진 일을 잘 수행하려면 닉센이 필요하다. 닉센을 하면 우리는 몸을 회복할 수 있을 뿐만 아니라 더 명료한 사고로 일상의 문제를 해결하게 된다. 닉센의 진정한 힘은 바로 여기에 있다.

온전한 휴식을 위한 질문

- 아무것도 하지 않는 것이 어떻게 생산성과 창의력, 의사 결정 과정에 영향을 미칠까?
- 가장 최근에 반짝이는 아이디어가 떠올랐을 때나 복잡한 문제를 해결했을 때는 언제인가? 닉센을 한 이후에 일어난 일이었나?
- 아무것도 하지 않는 것이 우리에게 좋은 또 다른 이유는 무엇일까?

INSIGHT 3

미루기는 아무것도 해결해주지 않는다

얼핏 보기에 미루는 것은 닉센과 비슷해 보인다. 하지만 심리학자 줄리 프라가의 주장에 따르면 건강을 증진하고 스트레스를 낮추기 위해 아무것도 하지 않는 것과 미루기 사이에는 미세한 차이가 있다. 아무것도 하지 않는 이유가 바로 그 차이이다. 휴식을 즐기면서 우리는 무언가를 회피하는 게 아니다. 하지만 무언가를 미룰 때 우리는 특정한 활동을 피하고 있다. 그 활동을 할 때 발생하는 감정을 모면하기 위해서 말이다.

어떤 사람들은 미루는 게 아니라 일하고 있다고 말하며 책장에 꽂힌 책을 색깔별로 정리하고 오래된 메일을 정리하고 집 안을 청소한다. 은밀하게 미루는 방법이다. 일과 상당히 비슷해 보이기 때문이다.

"침대에 누워 영화를 본다면 자기가 무언가를 미루고 있다는 걸 스스로도 알죠. 하지만 청소기를 돌리고 파일을 정리하고 오래된 메일을 삭제하고 가나다순으로 책장을 정리할 때면 자신이 생산적이라고 생각합니다. 미룬다는 느낌을 별로 못 받죠." 그레첸 루빈은 이렇게 설명한다.

닉센은 우리에게 아무것도 하지 않는 매우 확실한 시간과 장소를 줌으로써 미루기라는 문제에서 벗어나도록 도와준다. 닉센을 통해 새로운 에너지로 무장한 우리는 다시 일을 하거나 아직 끝내지 못한 일을 마칠 수 있게 된다. 한동안 나는 미루는 사람들은 다 똑같은 부류라고 생각했다. 하지만 실상은 전혀 그렇지 않았다. 우리가 무언가를 미루는 상황은 실로 다양하며 미루는 사람은 세 가지 유형으로 나뉜다.

걱정꾼

"사람들은 자신이 해야 하는 일에 대한 걱정이 앞서 시작하기를 꺼립니다. 미룰수록 걱정은 쌓여만 가고 어느새 마감이 코앞에 닥쳐오죠." 그레첸 루빈은 이렇게 말한다. 너무나 익숙한 상황이라 고개를 끄덕일 수밖에 없었다.

“이러다간 마감을 지키지 못할 거라는 두려움이 걱정을 이겼을 때 비로소 일을 시작합니다. 하지만 이미 너무 늦었죠. 초조한 데다 마감까지 시간이 얼마 남지 않아 최고의 결과를 내놓지 못할 확률이 높아집니다.”

회피자

이들에게는 마감이 없을지도 모른다. 이들은 해야 하는 일을 그저 하기 싫을 뿐이다. “초조해서 그런 게 아니라 그 일이 너무 하기 싫은 거죠. 예를 들면, 음….” 루빈이 말했다. 내 머릿속엔 바로 청소가 떠올랐다.

사기꾼

어떤 사람들은 누군가 자신을 이 상황에서 구출해주기를 바라며 할 일을 미룬다. “이들은 ‘내가 쓰레기를 내다 버리지 않으면 그가 집에 와서 넌더리를 내며 쓰레기를 갖다 버릴 거야’라고 말하죠.” 루빈은 이렇게 말한다. 하지만 이는 미루기보다는 속임수에 가깝다.

CHAPTER 4

하루 10분, 생각 끄기 연습

소파에 앉아서 닉센하는 일의 중요성을 여러 번 얘기했다. 그런데 고백하자면 나도 닉센을 그렇게 많이 하지는 못했다. 어떻게 하면 닉센을 더 잘할 수 있을까? 직장에서, 집에서, 공공장소에서 어떻게 하면 닉센을 더 많이 할 수 있을까? 다른 수많은 현대인처럼 나는 바쁘다. 한가해 보일 때도 늘 바쁜 기분이다. 알다시피 바쁜 상태는 닉센을 하는 데 조금도 도움이 되지 않는다.

하지만 닉센은 어렵다! 나에게 주어진 온갖 책무와 일을 처리하기도 바쁜데 무슨 수로 닉센을 할 시간을 낸단 말인가? 내 일을 하고 아이들을 돌보고 집을 청소하면서 도대체 어떻게 닉센을 한단 말인가? 무엇보다도 내가 처리해야 할 온갖 일을 머릿속에서 밀어내고 소파에 가만히 앉아서 오롯이 그 시간을 즐긴다는 게 정말 가능한 일인가? 지금부터는 우리의 닉센을 방해하는 온갖 것들을 차단하고, 생각을 끄는 방법을 안내할 것이다.

직장과 집, 공공장소는 현대인과 떼려야 뗄 수 없는 장소다. 세 장소에서 생각을 잠깐이라도 끌 수 있다면 그것만으로도 큰 도움이 될 테다. 닉센을 할 시간을 마련하거나 아주 잠깐만이라도 생각을 끈다면 우리는 한결 여유를 느낄 수 있다. 닉센을 즐기는 순간이 삶의 다른 영역에 스며들 때 하루는 느리지만 더욱 생산적으로 흘러간다. 닉센을 삶의 한 영역에 도입하는 순간 다른 영역에도 긍정적인 영향을 미치는 것이다.

생각을 끄는 건 집에서만 할 수 있는 일이 아니다. 오히려 정반대다. 닉센의 좋은 점은 어디에서든 할 수 있다는 것이다. 당신이 누구든, 무엇을 하고 있든 상관없이 말이다.

직장에서 생각 끄기

• • • • •

닉센을 퇴근 후로 미룰 필요가 없다. 직장에서도 생각을 끌 수 있다. 직장에서도 휴식 시간은 필요하다. 우리 자신뿐만 아니라 고용주에게도 좋은 일이다. 직장에서 닉센을 즐기는 방법은 다음과 같다.

> 아무것도 하지 않을 시간을 정하고
> 의식적으로 아무것도 하지 않는다

직장에서든 집에서든 내가 가장 생산적이고 창의적인 순간이 언제인지 파악하라. 그다음에는 사고가 둔해지거나 혹은 자동조종장치처럼 일하기 시작하는 순간을 알아내라. 그때가 바로 산책을 하거나 휴식을 취해야 할 때다. 생산성 전문가 크리스 베일리의 주장에 따르면 휴식은 긴장을 푸는데 도움이 될 뿐만 아니라 생산성을 높인다고 한다. 휴식은 닉센을 할 때 뒤따르는 죄책감을 덜어줄지도 모른다. 아무것도 하고 싶지 않을 때 가장 먼저 해야 할 일은 바로 일하기를 멈추는 것이다. 그런데 오늘날처럼 바쁜 시대에는 휴식을 챙기는 사람을 보기 어렵다. 사람들은 자기 자리에 앉아서 점심을 먹는다. 생산성을 높이기 위해서지만 역설적이게도 실제로는 전혀 도움이 안 된다고 한다. 모두가 번아웃을 향해 직행하고 있는 셈이다.

MIT의 로버트 포즌은 60분에서 90분이 지나면 사람들은 집중력을 잃는다고 말한다. 이때가 바로 휴식을 취하기 이상적인 시점이다. 휴식에는 여러 종류가 있다. "기본적인 휴식은 하루에 여러 차례 나눠 갖는 짧은 휴식입니다. 그다음에는 장기 휴식이 있죠. 장기 휴식은 1년에 두세 번은 가져야 합니다."

크리스 베일리는 이렇게 말하며 솔직히 자신도 그렇게 휴가를 내지 못한다고 고백한다. 그래도 그는 의식적으로 휴식을 취하고 정보를 습득하고 책을 읽기 위해서 한 번에 며칠씩 휴가를 쓰려고 노력한다.

아무것도 하지 않아도 당당하게 행동한다

아무것도 하지 않는다고 부끄러워하지 마라. 닉센을 하는 동안 누군가 무엇을 하느냐고 묻는다면 "아무것도 안 해"라고 당당히 대답하라. 우리는 휴식을 취하거나 휴가를 가는 데 떳떳해야 한다. 게을러 보일까 봐 걱정이 되고 죄책감이 든다면, 닉센을 게으름의 표시로 보는 대신 평정을 되찾고 번아웃을 예방하는 데 도움이 되는 중요한 삶의 기술로 보기 바란다.

바쁘다는 익숙한 감정 대신 닉센을 할 때 찾아오는 불편한 감정을 택하자. 처음에는 퍽 어렵다. 인간이기에 우리는 소속되기를 원한다. 주위의 모두가 바쁘게 서두르는 모습을 보면 같은 함정에 뛰어들고 싶은 유혹에 시달린다.

토니 크랩은 『내 안의 침팬지 길들이기』에서 사회적 뇌를 사용해 닉센을 중시하는 사람들과 어울리기를 제안한다. 나와 비슷한 사람들과 함께일 때 우리는 문화적 압력에 저항하기 쉬워진다. 아니면 우리 엄마처럼 사무실 문에 "건드리면 물어요"라고 쓴 안내문을 붙여놓아도 좋다. 엄마는 아무도 물지 않지만 방해받고 싶지 않은 것만은 확실하다.

자신만의 생활 패턴을 파악한다

사람마다 생산성을 최대로 발휘하는 시간대가 다르다. 언제 자고 언제 일해야 하는지가 저마다 다 다른 것이다. 어떤 사람은 새벽 5시에 일이 가장 잘되며 어떤 사람은 오후 5시에 생산성이 가장 높다.

"우리 모두는 자신이 가장 창의적일 때, 가장 생산적일 때가 언제인지를 알아야 합니다. 그래야 닉센을 하기 위한 바람직한 시점을 알 수 있죠." 만프러트 케츠 더프리스는 이렇게 말한다. 그는 4분면으로 된 다이어그램을 제안한다. 상단에는 중요한 일과 중요하지 않은 일을 적고 하단에는 좋아하는 일과 좋아하지 않는 일을 적는다. 이제 자신이 수행하는 활동이나 의무가 어느 분면에 들어 있는지 살펴보면 된다. 이 도구를 사용하면 닉센을 할 시간을 더 넉넉하게 확보할 수도 있다.

"닉센은 회복하는 시간입니다. 좋아하지만 중요하지 않은 일이죠. 최소한 업무적인 관점에서는 그렇습니다. 하지만 회복을 위해서는 아주 중요한 활동이죠." 케츠 더프리스는 설명한다. 하지만 나는 늘 일해야 한다고 생각하는 사람만이 닉센을 중요하지 않은 일로 생각한다고 말하고 싶다.

어떤 일을 하느냐에 따라 생각을 끌 자투리 시간을 마련하기 어려울 수도 있다. 닉센을 소중하게 생각하는 한 잠시 짬을 내는 것만으로도 충분하다는 점을 잊지 말기 바란다. "누구에게나 혼자 일하는 시간이 있습니다. 어느 정도는 자신의 일정을 제어할 수 있죠. 따라서 사무실에서, 자기 자리에서 휴식을 취할 수 있습니다." 포즌은 이렇게 말한다.

나 같은 프리랜서는 업무량이 크게 들쑥날쑥한 편이다. 넘쳐나는 일 때문에 우왕좌왕하다가도 갑자기 일이 뚝 끊길 때가 있다. 그럼에도 불구하고 크게 보면 시즌이 있다. 매일 사무실로 출근하는 근로자도 집중적인 업무에 시달릴 때가 있고 덜 바쁜 시기가 있기 마련이다. 패턴을 파악하는 것이 중요하다. 일이 쓰나미처럼 몰려올 때 우리는 닉센을 할 시간을 마련하기 위해 더 노력해야 하기 때문이다.

일부러 더 바쁘게 살아본다

하루는 이메일과 메시지, 공지에 전부 답해보라. 크리스 베일리가 『그들이 어떻게 해내는지 나는 안다』에서 말했듯이 일주일에 90시간을 일하라. 주말까지 밤새도록 일하며 잠시도 쉬지 마라.

또 다른 날에는 스마트폰을 저 멀리 치워놓고 힘들이지 않고 할 수 있는 일을 찾아라. 멍하니 딴생각에 잠길 수 있는 일이어야 한다. 이제 이 두 날에 각기 얼마나 많은 에너지를 느꼈는지를 살펴보아라.

사실 실험을 할 필요도 없다. 결과는 불 보듯 뻔하다. 스마트폰을 강박적으로 확인하지 않는 날에 기분이 더 좋을 것이다. 베일리는 이렇게 말한다. "자극적인 상황에서 우리가 행복한 것은 아니기 때문이죠. 우리는 이런 상황이 우리의 기분을 어떻게 만드는지 알아야 합니다."

닉센을 한번 해보면 자신이 아무것도 하지 않는 일에 얼마나 소질이 있는지 알게 될 것이다. 아마 여러분은 이미 어느 정도 닉센을 하고 있을지도 모른다. 하지만 이제 닉센을 하면서 죄책감을 느끼지 않을 것이며 닉센이 자신에게 기쁨을 준다는 사실도 알게 될 것이다.

아무것도 하지 않고 있다는 사실을 느끼지조차 못할 수 있다. 그저 느긋해지고 새로운 아이디어를 떠올릴 여유를 갖게 되어 기쁠지도 모른다.

닉센은 새로운 기술을 배우는 것과 비슷하다. 즐길 때, 재미있게 할 때 가장 잘하게 된다.

90분 이상 회의하지 않는다

회의는 팀원 간의 결속을 다지고 협력을 증진하는 훌륭한 방법이 될 수 있다. 직접 얼굴을 보고 의견을 나누면 화상회의에서 놓치기 쉬운 보디랭귀지 등의 중요한 신호를 읽을 수도 있다.

네덜란드에서 회의는 합의를 도출하고 모두의 의견을 듣기 위한 중요한 도구로 사용된다. 회의는 이 나라에서 의사결정 과정의 필수 단계다. 하지만 나무만 보고 숲을 보지 못하면 안 된다. 단순히 다들 한다는 이유로 회의를 해서는 안 된다.

"저는 짧은 회의가 좋습니다. 회의 중에는 휴식을 취하기가 어렵죠. 회의를 시작한 지 3시간쯤 지나면 대부분 집중력이 흐트러집니다." 로버트 포즌은 이렇게 말했다. 회의는 임원들이 더 많은 일을 수행할 수 없는 이유 중 하나로 밝혀지기도 했다. 포즌은 회의는 길어도 90분 안에 끝내기를 제안한다. 사실 그것도 너무 길다.

보여주기식 업무를 하지 않는다

회의를 해야 한다는 생각에는 대면 문화가 녹아 있다. 상사가 퇴근하기 전에는 절대로 퇴근하지 않으리라 기대하는 문화다. "미국의 수많은 기업에서 직원들은 상사에게 보이기 위해 회사에 남아 있곤 합니다." 포즌은 이렇게 말한다. 야마모토 나오코가 말했듯 대면 문화는 일본을 비롯해 다른 수많은 국가에서도 만연하다.

몇 년 전 번역 에이전시에서 일하면서 나도 비슷한 경험을 했다. 몇 시간째 할 일이 없는데도 집에 갈 수 없었다. 하루에 정해진 시간만큼 근무해야 한다는 계약 조항 때문이었다. 출근을 하거나 자리를 지키고 있는다고 해서 반드시 일을 하는 것은 아니다. 직원들은 비디오 게임을 하면서 하루를 보낼 수도 있다.

언제든 일하는 모습을 보여야 한다는 압박은 실제로 존재한다. 이런 문화를 바꿔야 한다. 변화는 위에서부터 시행해야 한다. 관리자가 육아휴직을 내야 직원들이 따라 할 수 있다. 여러분이 상사라면 직원들에게 모범이 되어라. "여러분이 팀장 위치에 있다면 휴식을 취하는 문화를 장려할 수 있습니다." 로버트 포즌은 이렇게 말한다.

정기적으로 닉센을 하며 이따금 아무것도 하지 않는 모습을 보여주어라. 하루 종일 사무실에 있는 모습을 보여주면 직원들은 똑같이 따라 할 것이다. 여러분이 일찍 퇴근하거나 잠시 휴식을 취하면 직원들도 그렇게 할 것이다. 팀원들이 책상에 몇 시간 동안 앉아 있느냐가 아니라 하루, 일주일, 한 달 동안 수행하는 일에 집중하라. 닉센은 사업에만 좋은 것이 아님을 잊지 마라. 이는 인간적인 일이다.

스마트폰이 아닌 노트와 친해진다

날마다 쏟아지는 수많은 메시지에 대응하는 일은 업무 시간이나 닉센을 하는 시간을 크게 방해한다. 업무 관련 이메일은 중요하지만 모든 이메일이 그런 것은 아니다. 화면에 뜨는 공지에 일일이 대답할 필요도 없다.

하지만 누군가에게 자리에 앉아서 이 모든 방해물을 떨쳐버리라고 말하는 것은 도넛이 담긴 접시를 앞에 놓은 뒤 냄새를 맡거나 먹지 말라고 말하는 것이나 다름없다고 크리스 베일리는 말한다.

자리에 앉을 때마다 스마트폰을 집어 들고 싶은 충동을 뿌리칠 수 없다면 이렇게 해보라. 자리에 앉아 닉센을 할 때 떠오르는 생각을 적을 작은 노트를 마련하는 것이다. 노트를 가지고 있으면 스마트폰에 덜 의존하게 되며 페이스북에 들어가거나 폭풍 트윗을 날리거나 캔디크러시 게임을 하고 싶은 충동에서 벗어날 수 있다. 도전 머기는 자리에 가만히 앉아 있지 못하게 하는 생각이 나거든 노트에 적은 뒤 한쪽으로 치워두라고 제안한다.

노트는 뇌를 속이는 데도 사용할 수 있다. 하루 종일 머릿속을 떠나지 않는 걱정부터 무작위로 떠오르는 생각 등 머릿속 생각을 5분 동안 종이에 적으면 된다. 이렇게 하면 생각을 명료히 하는 데 도움이 될 뿐만 아니라 뇌로 하여금 우리가 이 모든 일을 처리하고 있다고 믿게 만들 수도 있다. 생각을 노트에 적어나가다 보면 우리는 도전 머기의 말처럼 현재에 충실하며 지금 느끼는 감정을 만끽할 수 있다. 이것이 바로 닉센이다.

우리는 이렇게 닉센 근육을 기르는 연습을 할 수 있으며 지루하다거나 생산적이지 못한 일 같다는 불편한 감정을 품은 채 앉아 있는 법을 배우게 된다. 도전 머기는 이렇게 말한다. "우리는 내부 통제 장치를 둬야 하며 우리를 건강하게 만드는 이 행위를 귀중하게 여겨야 합니다. 이 세상이 우리를 위해 대신 해줄 수 없는 일이기 때문이죠."

지금까지 이야기한 내용을 참고하여 직장에서 이렇게 실천해보자.

- 휴식 시간에 닉센을 한다. 컴퓨터 모니터에서 눈을 떼고 사무실 전체를 쭉 둘러본 뒤 눈을 감는다.
- 점심 식사를 기다리는 동안에는 스마트폰을 쓰지 않고 가만히 쉬어보자.
- 업무에 집중하기 어려울 땐, 모니터에서 눈을 떼고 잠시 눈을 감아도 좋다.
- 지하철을 타고 출퇴근을 할 때 단 몇 분만이라도 이메일을 확인하거나 페이스북에 접속하는 대신 아무것도 하지 않는다.
- 교통 체증에 걸리면 분통을 터뜨리지 말고 심호흡을 하면서 가만히 앉아 있는다.
- 가능하다면 닉센을 할 수 있는 조용한 방이나 장소를 찾는다.

- 회사에 도착하면 서두르지 말고 잠시 자리에 앉아 가만히 있는다.
- 일을 마치고 집으로 돌아가기 전에도 똑같이 한다.
- 틈틈이 닉센을 하면서 한 모드에서 다른 모드로의 전환을 분명히 한다.
- 필요할 때만 회의에 참석한다. 남는 시간에는 아무것도 하지 않는다.

집에서 생각 끄기

많은 사람에게 집은 나다운 모습으로 편안히 쉴 수 있는 장소다. 하지만 집에서도 스트레스를 받는다. 집은 유급 노동이든 무급 노동이든 특정한 노동이 이루어지는 일터이기도 하다. 집은 우리에게 주어진 대부분의 의무가 존재하는 곳이다. 가족이 있다면 더더욱 그러하다. 서문에서 말했지만 가끔 우리 집은 내가 처리하지 못한 온갖 일들을 상기시키며 나에게 말을 건다. 온갖 집안일, 육아, 가족 간의 교류는 전부 일이다. 따라서 집에 있을 때도 직장에 있을 때만큼이나 많은 휴식을 취해야 한다.

이제부터 집에서 더욱 편하게 닉센을 하는 데 도움이 되는 몇 가지 조언을 살펴보자.

다른 사람의 시선에 자유로워진다

해야 하는 일을 하고 있지 않을 때면 가끔 죄책감이 든다. 나의 가치에 부합하는 삶을 살지 못하고 있다는 느낌 때문이다. "저는 제대로 먹는 것을 중요하게 생각합니다. 그래서 엄청나게 크고 기름진 피자를 먹을 때면 죄책감이 들죠. 저는 배가 터질 듯한 상태가 아니라 건강을 중요하게 생각합니다. 죄책감은 저의 가치를 지키는 데 도움이 되는 유익한 감정이죠." 크리스 베일리는 이렇게 말한다.

휴식을 취할 때도 우리는 죄책감을 느낀다. 이런 죄책감 또한 유익하다. "우리는 휴식을 취할 때 자신의 가치에 부합하는 삶을 살지 않는다는 느낌을 받습니다. 우리는 무언가를 성취하는 삶을 더 높이 평가하죠. 세상에 영향을 미치는 삶을 중요하게 여기고 다른 이들의 기대에 부응하는 삶을 가치 있게 생각합니다." 베일리는 이렇게 말하지만, 내러티브를 다르게 바꿔볼 수도 있다. "우리 자신이 곰곰이 생각할 시간을 중시한다는 것을 깨닫는다면 이런 믿음을 상쇄할 수 있습니다. 우리는 넘치는 에너지를 소중하게 생각할 수 있죠. 동료들과 있을 때나 가족들과 있을 때 침착한 태도를 유지하는 것을 중요하게 여길 수 있는 겁니다."

도전 머기는 휴식에 관한 자신의 생각을 재구성해보면 차분한 시간을 훨씬 더 소중히 여기는 데 도움이 된다고 말한다. "주위 사람들에게 그렇게 말하면 다들 이해합니다. 그들은 가만히 앉아서 현재에 충실하는 방법을 배우는 게 중요하다고 말하죠."

학습에는 시간과 노력이 든다. 따라서 곧바로 닉센을 하지 못한다고 해서 낙담할 필요가 없다. 가만히 앉아서 아무것도 하지 않는 일이 처음에는 불편하겠지만 괜찮다. 특히 할 일이 있으면 더욱 안절부절못하며 일을 마치기 전까지는 좀처럼 쉬지 못할 수도 있다. 처음에는 아무것도 하지 않고 앉아 있자니 끔찍한 기분이 들지도 모른다. 하지만 그것은 처음이기 때문이지 닉센을 잘하지 못해서 그런 것이 아니다. 그러니 좌절하지 말고 일단 해보자.

편안한 환경을 만든다

《뉴욕타임스》에 기사가 실리기 전까지만 해도 나는 주위 환경이 나에게 미치는 영향에 관해 깊이 생각하지 않았다. 나는 생각 끄기를 그저 의지와 일관성의 문제라고 생각했다. 의지와 일관성도 중요하고 유용하지만 닉센을 하기 좋은 환경을 조성한다면 우리는 달콤한 게으름을 한층 더 만끽할 수 있다. "그러한 장소가 존재한다면 사람들은 그곳을 이용하게 되죠." 도전 머기는 이렇게 말한다.

이는 넛지 이론으로 알려져 있다. 경제학자 리처드 탈러(Richard Thaler)와 법학자 캐스 선스타인(Cass Sunstein)이 『넛지』라는 책을 통해 널리 알린 이 개념은 카페테리아 공간 구성처럼 언뜻 보면 별로 중요해 보이지 않는 선택이 우리의 의사 결정에 영향을 미치는 방식을 일컫는다. 이 이론을 이용해 자신의 집을 닉센을 하기 좋은 곳으로 바꿔보자. 부드러운 소파와 편안한 안락의자, 쿠션 몇 개, 아니면 담요 하나만 놓아도 좋다. 이런 물건이 반드시 필요하지는 않지만 이 물건들이 우리가 소파에서 일어나고 싶지 않도록 만들지도 모른다. 수많은 기사에서 아이들에게 자신만의 조용한 시간을 즐길 아늑하고 조용한 구석 자리를 만들어주라고 조언한다. 자신만의 조용한 공간은 어른에게도 중요하다. 아늑한 자리는 나이와 관계없이 우리를 차분하게 만드는 데 도움이 된다. 붉은색이나 노란색 같은 선명한 색보다는 파란색이나 녹색처럼 차분한 색상을 고르면 더욱 좋다.

텔레비전 앞이 아니라 창문이나 난롯가에 가구를 놓자. 가족끼리 오순도순 시간을 보내는 데도 도움이 될뿐더러 닉센을 할 수 있는 기회를 더 늘릴 수도 있다. 텔레비전을 바라보고 앉아 있으면 자신도 모르는 사이에 리모컨을 손에 쥐고 있을 확률이 높다.

생각을 끌 장소를 마련한다면 닉센을 더 쉽게 할 수 있다. 준비를 하거나 의지력을 발휘할 필요가 없기 때문이다. 그냥 시작하면 된다. 아침마다 무엇을 입을지 고르는 시간을 생각해보자.

마크 저커버그는 매일 같은 옷을 입는다. 이제 고인이 된 스티브 잡스 역시 마찬가지였다. 이들이 같은 옷을 입는 까닭은 아침마다 무엇을 입을지 고민하는 데 쓸데없는 시간과 에너지를 낭비하지 않고 그 시간과 장소를 다른 중요한 선택을 하는 데 사용하기 위해서였다. 집에 닉센을 할 공간을 마련해두면 어디에서 어떻게 닉센을 할지 생각하는 데 시간을 쓸 필요가 없다. 그냥 앉아서 하면 된다.

복도나 부엌에 작은 상자나 바구니를 마련해두어도 좋다. 이따금 이곳에 스마트폰을 놓아두는 것이다. 손 닿는 곳에 언제나 스마트폰이 있다면 주의를 빼앗기기 쉽다. 그러한 유혹에 빠지지 않기 위해 스마트폰을 치워놓는 것이다.

배우자와 가사 분담을 한다

미국인 리사는 남편 존과 각각 6살, 8살 난 두 명의 아이와 함께 스웨덴에 살고 있다. 그들은 점차 먼저 보는 사람이 한다는 방식으로 집안일을 나누게 되었다고 말한다. 물론 몇 가지 예외가 있지만 말이다.

존은 맛있는 음식을 좋아한다. 그는 리사에게 많은 재능이 있지만 부엌까지는 그 능력이 닿지 않음을 깨달았다. "남편은 새로운 레시피를 시도하고 양념을 사고 이국적인 맛에 도전하기를 좋아합니다. 저는 평범한 토마토소스에 버무린 파스타를 매일 먹어도 괜찮지만 존은 코코넛 라이스에 향긋한 타이 커리를 즐겨 먹는 사람이죠." 리사는 말한다. 식사 준비는 존의 몫이 되었다.

부부는 아이들의 학교생활에 적극 관여한다. 존이 아침에 아이들을 데려다주면 리사가 오후에 아이들을 데리러 간다. 방과 후 모임, 댄스, 과외활동에 참석하는 쪽도 리사다.

모든 일을 정확히 반반씩 부담하는 것은 아니지만 둘은 직장생활과 가정생활 사이의 균형을 맞추려고 노력한다.

이를테면 리사는 프리랜서로 집에서 일하기 때문에 친구나 동료를 날마다 만나야 할 필요가 없다. 하지만 존과 리사는 정신 건강을 위해 매일 외출하는 것이 중요하다는 사실을 안다. 리사가 봉사 활동을 하고 친구들과 저녁식사를 하거나 기타 사회 활동을 할 수 있도록 존은 업무 일정을 조절해 집에 일찍 돌아온다. 이에 대한 보답으로 리사는 존 역시 집과 회사 밖에서 쉴 수 있게 친구들과 한 달에 한 번 저녁 모임을 가지도록 해준다.

아이들에게도 도움을 받는다

집안일은 끝이 없다. 남편과 아내가 집안일을 반반 나눠서 부담해도 되지만 아이들도 어느 정도 크고 나면 큰 도움이 된다. 자신이 맡은 일에 익숙해지는 데 시간이 걸리고 조금 굼뜰지 모르지만 아이들은 집안일을 곧잘 하게 된다. 부모는 아이들을 도울 수 있다. 가령 우리는 최근에 아이들의 장난감을 많이 처분했는데 아이들은 불평하지 않았다. 오히려 잡동사니를 처리하도록 도와줬다고 고마워했으며 이제는 장난감을 정리하는 데 시간이 덜 걸린다며 좋아했다.

정리할 것이 적을수록 청소할 것이 줄어들고 자유 시간은 늘어나며 닉센을 할 시간도 많아진다. 아이들에게만 해당하는 논리는 아니다.

"아이들이 어렸을 때는 부모의 도움이 필요했죠. 하지만 이제는 우리가 아이들에게 도움을 받는답니다." 배우였다가 양육 전문가이자 코치가 된 카타리나 하베르캄프(Catharina Haverkamp)는 말한다. 그녀는 아이들이 필요로 하는 것은 소속감이라고 말한다. 자신들이 그곳에 있어도 괜찮다는 사실을 확인하고 싶어 한다. "집안일은 아이들에게 책임감을 심어주는 완벽한 방법이에요. 아이들은 집안일을 하면서 소속감을 느끼기도 하고요. 집안일이 아이들에게 주는 주체의식은 아이들에게 도움이 되죠."

전문가의 손을 빌린다

가사 도우미를 고용하는 문제는 종종 논쟁을 불러일으키는 사안이다. 많은 사람이 자신이 해야 할 일을 시키기 위해 누군가를 고용하는 데 죄책감을 느끼기 때문이다. 자녀 양육에서는 그러한 현상이 더욱 두드러진다. 웬즈데이 마틴(Wednesday Martin)이 『파크애비뉴의 영장류』에서 묘사했듯이 돈이 많은 여성조차 다른 일들은 모두 외주를 주면서도 자녀를 돌보는 일만큼은 스스로 하겠다고 주장한다.

다른 이의 손을 빌려 아이를 돌보는 또 다른 방법으로는 보육 시설이 있다. 미국이나 영국에 사는 부모에게는 불가능한 일일 수도 있다. 그곳에서는 보육 시설에 맡기는 비용이 아주 비싸며 아이들을 그런 시설에 보내는 것에 사회적인 낙인이 찍힐 수 있다. 하지만 나는 다행히 네덜란드에 살고 있으며 이곳의 보육 시설을 이용할 수 있다.

보육 시설은 우리에게 놀라운 경험이었다. 보육 시설 선생님은 우리 아이들을 위해 게임이나 재미있는 활동을 준비했고 아이들은 행복한 표정으로 자신들이 만든 아름다운 작품을 손에 들고 집으로 돌아왔다. 아이들은 네덜란드어와 현지 전통을 배우며 이곳에 적응해나갔는데 이 모든 것에 나는 늘 감사한 마음이다.

어떤 일을 외주 주고 싶은지(그리고 그럴 수 있는지), 얼마나 자주, 누구에게 외주를 줄지 생각해보자. 그런 뒤에는 그 시간을 이용해 자신의 일을 하고 운동을 하고 닉센을 하기 바란다. 나는 《오, 오프라 매거진(O, the Oprah Magazine)》에 쓴 기사를 통해 더 많은 일을 강요하는 머릿속 목소리에 맞서 싸우는 방법에 관한 조언을 공유한 바 있다. 나는 자신에게 세 가지 질문을 할 것을 제안했다. 첫째, 이 일을 하지 않을 경우 나의 건강이나 정신 상태, 웰빙에 문제가 생기는가? 그렇다면 계속하라. 둘째, 이 일이 반드시 필요한가? 그렇다면 계속하라. 셋째, 이것이 나의 일인가? 이 질문에 대한 답은 '아니오'일 확률이 높다.

내가 운영하는 페이스북 그룹 '더 닉세니어'에 누군가 하지 말아야 할 일의 목록을 적어보라는 글을 올린 적이 있다. 『아무것도 하지 않는 일의 즐거움(The Joy of Doing Nothing)』에서 캐나다인 기자 레이철 조넛(Rachel Jonat) 역시 똑같은 조언을 한다. 탁월한 아이디어다. 나는 이것이 해야 할 일 목록보다 훨씬 더 유용하다고 생각한다. 그만하고 싶은 일을 찾아 그 일들이 무언가를 달성하는 데 도움이 되는지, 그 일을 하지 않는다면 부정적인 결과가 뒤따르는지 스스로에게 물어보자. 그러고 난 뒤에는 우리가 앞으로 나아가는 데 도움이 되지 않는 일이 있다면 이를 거부하라. 자신을 해방하고 그 시간에 닉센을 하자.

아이들에게 바쁜 일정을 강요하지 않는다

닉센의 도움을 받을 수 있는 사람은 성인뿐만이 아니다. 아이들도 닉센을 함으로써 큰 이득을 볼 수 있다. 사실 휴식을 취하거나 지루한 시간을 보내는 것은 성인보다 아이에게 더 큰 영향을 미친다. 닉센은 어린 나이부터 자립적이고 독립적인 사람이 되는 법을 가르쳐주기 때문이다. 아이의 뇌는 성인보다 적응력이 뛰어나기 때문에 혜택을 더 빨리 흡수한다. 생각을 멈추는 동안 아이들은 불편한 감정에 즉각 대응하는 대신 차분히 앉아서 감정을 다스리는 방법을 배우게 된다.

"닉센을 하는 시간을 더 많이 갖는 것은 시간을 보내는 방식에 경계를 짓는 행동이지 처리할 일들을 부인하는 행동이 아닙니다. 경계를 짓는 방식은 가족마다 다르죠." 줄리 프라가는 이렇게 말한다. 그녀는 주말에 해야 하는 일의 가짓수를 줄여 아무것도 하지 않는 시간을 마련하라고 제안한다. "저를 게으름뱅이라 불러도 좋아요. 어쨌든 저는 주말에 닉센을 많이 합니다. 아무런 계획도 세우지 않고 그저 제가 가장 좋아하는 담요를 덮고 고양이와 함께 소파에 앉아 있죠. 머릿속에 떠다니는 생각을 기꺼이 관찰한답니다."

누군가는 이를 멍한 상태라고 말하겠지만 프라가는 튜닝인(tuning in)이라고 부른다. 그녀는 명백한 효과를 경험하고 있다. "아무것도 하지 않는 것은 '아무것도' 아닌 것이 아닙니다. 바쁜 상태를 걷어내는 것이 신체 건강과 정서 건강에 얼마나 큰 영향을 미치는지 알게 되면 이는 정말 엄청난 효과를 낳을 거예요."

토니 크랩은 아이들에게 닉센을 하는 경험을 제공하고 그 시간에 무엇을 만들어내고 상상할지 결정하도록 하는 것은 아이들에게 반드시 필요한 경험이라고 말한다. 그는 지루함은 자신이 아이들에게 줄 수 있는 최고의 선물이라고 생각한다.

아이들의 롤 모델이 된다

"부모는 닉센을 하는 과정에서 리더가 될 수 있습니다." 카타리나 하베르캄프는 이렇게 말한다. 자기 자신을 위해 닉센을 할 수 없다면 아이들을 생각하라. 우리도 닉센이 필요하지만 아이들 역시 마찬가지다.

토니 크랩은 이 말에 동의한다. "아이들은 부모의 행동을 무엇이 옳고 그른지를 판별할 잣대로 삼습니다. 부모가 하루 종일 스마트폰만 붙들고 있다면 아이들도 부모의 행동을 따라 하겠죠. 그게 바로 롤 모델입니다."

"아이들에게 자기 스스로를 즐겁게 하는 방법을 가르치기 바랍니다. 어슬렁거리며 게으름을 부려도 괜찮다고 말해주세요. 모든 문제를 대신 해결해주지 마세요. 아이들이 어떻게 해야 할지 모른다고 하더라도 그대로 내버려 두세요."

하베르캄프는 이렇게 말한다. 물론 쉽지는 않은 일이다. 비평가들은 우리가 아이를 방치한다고 비난할지도 모른다. 하지만 전혀 그렇지 않다. 우리는 우리보다 닉센에 뛰어난 아이들에게서 배울 수 있을지도 모른다.

“제 아들은 샤워를 하고 나서 곧바로 옷을 입지 않고 수건을 두른 상태로 앉아서 30분 동안 노래를 부릅니다. 그게 바로 닉센 아닌가요?” 동료 작가 미셸 허치슨(Michele Hutchison)은 나에게 이렇게 물었다. 이것이야말로 닉센의 정수다. 우리 모두 그의 아들에게서 한 수 배울 수 있을 테다. 물론 우리는 대체로 아이들이 샤워를 마치고 나오자마자 어서 옷을 입으라고 재촉하기 바쁘다.

빨래와 설거지, 저녁 준비, 방 청소 등 할 일이 산더미처럼 쌓여 있는데 아이들이 아무것도 하지 않는 모습을 보면 속이 터지기도 한다. 하지만 아이들이 숙제나 청소 같은 자기 일을 마쳤다면 빈둥대도록 내버려 두자. 그리고 자신에게도 너그러워지자.

다 같이 아무것도 하지 않는다

“지극히 개인적인 생각을 사회적 맥락에 적용하면 정말 훌륭한 결과를 낳을 수 있습니다.” 토니 크랩은 닉센을 가리키며 이렇게 말한다. 아무것도 하지 않는 일의 사회적인 맥락에 관한 그의 견해에 나는 놀랐다. “모두가 개인에게 관심이 있죠. 나와 나의 개인적인 생산성에요. 저는 그것이 그림의 일부에 불과하다고 생각합니다."

달콤한 게으름의 순간은 함께할 때 더욱 특별해진다고 그는 말한다. 그는 이를 함께하는 닉센이라 부르며, 이것이 다른 이들과 함께 있을 때 정말로 아무것도 하지 않은 것이 무엇을 의미하는지 알아내는 훌륭한 방법이 될 수 있다고 말한다.

그의 말을 듣고 있자니 심리학자 도전 머기가 나에게 한 말이 떠올랐다. 그녀는 사람들에게 지루함 파티를 열라고 부추긴다. 파티 주최자가 다 함께 지루해지자며 친구들을 초대하는 것이다.

대화를 하다 보면 조용한 순간이 찾아올 것이다. 다 같이 아무것도 하지 않을 수 있는 능력은 아주 중요하며 꽤 보람찬 순간을 선사하기도 한다. "다른 사람들과 조용히 앉아 있는 데 편안함을 느끼는 거죠. 함께 일몰을 바라볼 수도 있습니다." 크랩은 이렇게 말한다.

많은 부모가 자녀에게 책을 읽어주거나 함께 노는 것을 세상에서 가장 큰 즐거움으로 생각한다. 나에게는 포옹이 그렇다. 기분이 좋을 때면 나는 "안기고 싶은 사람?"이라고 묻는다. 운이 좋으면 아이 하나쯤은 작은 팔로 나를 감싸며 안아준다.

가끔은 누워서 아무것도 하지 않은 채 아이들을 껴안고 있기도 한다. 아이들은 작고 부드러우며 좋은 냄새가 난다. 나는 그 순간이 정말이지 좋다.

아이들이 없다면 강아지처럼 껴안고 싶은 동물을 안아도 좋다. 고양이가 노트북 위에 앉아서 여러분의 일을 방해할 때 이를 변명 삼아 닉센을 해도 좋다.

아이들이 잠자리에 들면 나는 남편과 함께 드라마를 본다. 그럴 때면 나는 남편에게 바싹 붙어 앉아 그의 팔을 내 몸 위에 두른다. 부드럽고 따뜻하다. 이미 본 드라마를 또다시 보기도 한다. 나는 남편 옆에서 닉센을 하는 것이다.

앞에서 이야기한 내용을 참고하여 집에서 이렇게 실천해보자.

- 집안에 편안한 소파나 의자, 조용한 자리를 마련해 둔다.
- 집안일을 하나씩 끝낼 때마다 잠시 멈춰 쉬는 시간을 갖는다.
- 재택근무를 할 때도 쉬는 시간은 필요하다. 잊지 말고 닉센을 할 시간을 마련한다.
- 가사 노동과 감정 노동, 자녀 양육 역시 일이며 적절한 휴식이 필요하다는 사실을 잊지 않는다.
- 아이를 돌보고 집안일을 하는 것 역시 일이다. 반드시 휴식을

취하며 이때 닉센을 하자.

- 일 하나를 끝낼 때마다 잠깐의 닉센으로 마무리 한다.
- 책을 읽을 때는 잠시 내려놓고 아무것도 하지 않은 채 몇 분을 흘려보낸다. 주인공이 한 행동을 생각해봐도 좋다.
- 무의식적으로 페이스북을 둘러보고 있다면 당장 그만두고 닉센을 한다.
- 눈 뜨기 전이나 잠들기 전에는 뉴스를 확인하지 않는다.
- 잠자리에 들었는데 잠이 오지 않는다면 자리에서 일어나 캐모마일 차 한 잔과 함께 닉센의 시간을 가진다. 침대에 누워서 잠시 아무것도 하지 않아도 좋다.

공공장소에서 생각 끄기

• • • • •

공공장소는 닉센을 하기에 그다지 좋은 장소가 아니다. 우리는 운동을 하거나 새로 문을 연 인기 있는 레스토랑에서 친구들을 만나는 등 뚜렷한 목적을 갖고 밖으로 나가기 때문이다. 아이들을 방과 후 활동에 데려다주거나 요가나 도자기 수업을 들으러 가기도 한다. 공공장소에는 담요나 편안한 안락의자, 소파는 없지만 닉센을 할 수 있는 기회가 도처에 널려 있다. 방법만 알아내면 된다.

닉센을 하며 운동을 한다

미국인은 스피닝 클래스에 가고 네덜란드인은 길 위에서 실제로 자전거를 탄다. 어쨌든 이 두 나라에서 모두 스포츠를 중요하게 여긴다. 우리는 점점 더 움직이지 않는 삶을 살고 있기 때문에 건강과 웰빙을 지키려면 신체 활동이 반드시 필요하다. 하지만 우리의 건강과 웰빙을 위해서는 닉센도 중요하다.

날마다 헬스장이나 요가 수업에 갈 필요는 없다. 운동 효과를 기대하며 몇 시간이고 그곳에서 시간을 보낼 필요도 없다. 운동을 해야 하거나 몇 시간 동안 조깅하는 게 즐겁다면 계속해서 그렇게 하라. WHO는 일주일에 5번, 하루 30분 동안 운동하기를 권장한다. 나는 그 정도가 적당하다고 본다.

달리기를 하고 테니스를 치고 스피닝을 하는 동안 여기저기에 닉센을 할 시간을 심어두자. "달리기를 할 때 저는 먼 곳을 응시하고 딴생각을 하죠. 주위 경관의 아름다움에 압도될 때도 있고요." 달리기에 관심 있는 여성들을 코칭하는 팜 무어(Pam Moor)는 이렇게 말한다. 그녀는 달리기를 하면서 닉센을 즐긴다.

무어처럼 우리는 닉센을 하기 좋은 운동을 골라 운동하는 도중에 닉센하는 시간을 확보할 수 있다. 무어는 달리기를 할 때는 스마트폰을 집에 두고 온다고 한다. 음악을 듣지도, 팟캐스트를 듣지도 않는다. "어쩌다 스마트폰을 갖고 온 날이 있었는데 제 호흡과 신체에서 멀어진 기분이었어요. 그날은 달리기를 다른 날만큼 즐기지 못했죠."

일상을 잊게 하는 취미를 찾는다

취미는 몰입 상태에 빠져들게 만들어 긴장을 완화하는 데 도움이 된다. 취미 생활을 즐길 때는 내 일이나 가족을 돌보는 것과는 상관없는 무언가를 하거나 만든다. 닉센 역시 그런 정의에 포함된다. "취미는 우리 삶에서 아주 중요합니다. 삶의 다른 부분에서 멀어져 휴식을 취하도록 해주기 때문이죠. 일상적으로 하는 일을 잠시 잊게 해주는 취미를 찾기 바랍니다." 메리 위딕스는 말한다.

위딕스의 취미는 수족관 청소다. 처음에는 아이들을 위한 프로젝트로 시작했으나 머지않아 그녀의 취미가 되었다.

"수족관이라는 세상은 예상외로 복잡하고 질서 정연하답니다. 질서를 따르는 합리적인 세상이죠. 아이 셋으로 정신이 하나도 없는 저희 집에 차분함을 선사하는 존재입니다. 수족관을 청소할 때 느끼는 자기 효능감은 저에게 아주 큰 위로가 돼요." 그녀는 이렇게 말한다.

"아이들이 잠자리에 든 다음에 차를 마실 때가 있어요. 이때는 수족관 조명만 빼고는 집 안의 불을 모두 끈 뒤 물고기만 바라봅니다. 한참을 바라보고 있으면 물고기들에게 저마다의 사회구조와 영역이 있다는 사실을 확실히 알게 되죠."

자신이 수족관을 관리하는 데 지나치게 애쓴다는 사실을 알게 된 이후로 그녀는 한발 물러나 관찰하는 데 더 많은 시간을 보냈고 그러자 균형이 다시 찾아왔다고 한다. "가끔은 아무것도 안 하는 게 가장 좋죠." 나 역시 이 말에 전적으로 동의하는 바다.

닉센하기 좋은 장소를 찾아간다

프리랜서들은 스타벅스 같은 카페에서 일하기를 좋아한다. 집에서는 집중하기가 어렵기 때문이다. 빨래가 손짓하고 싱크대에 쌓인 설거지가 우리를 노려본다. 그들의 부름을 무시한 채 일에 집중하기란 쉽지 않다.

닉센도 마찬가지다. 우리는 휴식을 취할 장소로 본능적으로 집을 떠올리지만 많은 사람에게 집은 스트레스를 유발하는 곳이 되기도 한다.

해결책은? 집 밖으로 나가는 것이다. 카페는 달콤한 브라우니나 크루아상을 곁들인 따뜻한 커피나 차를 즐기기에 아주 적합한 곳이다. 그 장소를 청소할 책임이 다른 누군가에게 있기 때문에 우리는 아주 홀가분한 기분으로 그곳에 앉아 있을 수 있다. 그러한 곳에서는 우리가 책임질 일이 거의 없다. 게다가 따뜻하거나 찬 음료, 짭짜름하거나 달콤한 간식도 있다.

"제가 특히 좋아하는 카페는 장점이 진짜 많아요. 해안가를 따라 자리한 데다 2층에 있어요. 경관은 물론 바다 냄새가 정말 좋답니다." 이스탄불에 사는 내 친구이자 작가인 피나르 타르한(Pinar Tarhan)은 말한다. 피나르는 주의력결핍장애(ADHD)를 앓고 있기 때문에 한 자리에 가만히 앉아서 닉센을 하는 데 애를 먹는다. 하지만 자신이 좋아하는 카페에서 일할 때면 그녀도 종종 닉센을 한다.

"저는 계속해서 커피를 가지러 가거나 휴식을 취합니다. 사람들을 바라보고 그들의 이야기에 귀 기울이죠. 저는 사진도 찍어요. 아무것도 하지 않은 채 커피를 홀짝일 때도 있습니다." 그녀는 카페에서 부드러운 음악을 잔잔하게 틀어놓는 것도 좋아한다. "큰 소음 없이 훌륭한 경관이 내다보이는 차분한 분위기에 있는 것만으로도 마음이 느긋해져요."

자연 역시 닉센을 할 수 있는 근사한 기회를 제공한다. 공원에 가서 벤치나 잔디에, 나무 아래 앉아 있으면 된다. 날아가는 새들을 보거나 공원에서 개를 산책시키는 사람들을 바라보고 나무와 날씨, 다람쥐나 다른 동물들에게 눈길을 주는 것이다.

공원이나 해안가 같은 야외 공간을 생각 끄기를 할 장소로 선택한다면 바깥 활동이라는 혜택까지 더불어 누릴 수 있다. 우리는 닉센을 매일의 산책이나 조깅에 포함할 수 있다. 다양한 방법으로 닉센을 즐길 수 있다는 사실을 잊지 말기 바란다. 하던 일에서 잠시만 벗어나면 된다.

두 가지 속도로 사는 법을 배운다

토니 크랩은 어린 시절, 동생과 탁구를 즐겨 쳤다고 한다. 그들은 탁구를 빠르게 칠수록 자부심을 느꼈다.

"하루는 스피드가 남다른 상대와 탁구 시합을 하게 되었죠." 그는 당시를 회상하며 말했다. 하지만 상대는 의도적으로 속도를 줄이는 방법도 알았다. 상대는 크랩을 가뿐하게 이겼다. 그는 우리가 저마다 자신의 속도를 의도적으로 조종하는 방법을 배워야 한다고 말했다. 이는 빠른 속도에서 느린 속도로 바꾸는 것이 어떻게 우리를 승리로 이끌 수 있는지를 보여주는 훌륭한 사례다. 말 그대로도, 비유적으로도 그렇다.

게으름 연구자이자 치료사인 마티외 부아곤티에는 나에게 인지와 전환에 관해 말해주었다. 그는 활동적이 되도록 사람들을 동기부여하기 위해 이 방법을 사용한다고 한다. 이 방법은 닉센을 할 때도 효과적으로 활용할 수 있다.

"자리에 앉아 아무것도 안 하겠다고 결정하려면 먼저 인지해야 합니다. '나는 이제 신체적으로 활동적이고 싶어. 건강에 좋기 때문이야'라고 말하기 위해서는 인지가 앞서야 합니다. 인지는 우리가 어떤 상황에서 전환을 이끌어내는 방법입니다."

인지는 의식적인 생각을 필요로 한다. "우리는 무엇을 할지를 결정할 수 있어야 하며 저절로 나오는 습관을 따라서는 안 됩니다. 생각을 전환해 '싫어!' 하고 외칠 수 있어야 합니다. '나는 신체적으로 활동적이고 싶어.' '계단으로 이동하고 싶어'라고 말할 수 있어야 하죠." 부아곤티에는 이렇게 말한다. 이는 닉센과도 비슷하다. "여러 가지 일을 동시에 하다 보면 트위터에 접속한 상태에서 이메일을 확인하며 일을 하게 되죠. 우리는 상황을 인지하고 전환해 이 방법은 더 이상 효과적이지 않다고, 한 시간 정도 휴식을 취한 뒤 다시 돌아와야겠다고 말할 수 있어야 합니다. 자신의 입장을 바꾸기 위해 이런 전환이 필요한 시점이 오기 마련이죠. 이것이 바로 인지입니다."

여담이지만 나는 느린 삶을 지지하지는 않는다. 바쁜 삶도 만족스러우며 행복할 수 있다. 하지만 때로는 의식적으로 삶의 속도를 늦출 필요가 있다. 닉센이 자신에게 잘 맞는지는 시도해보기 전까지는 모른다. "행복은 시행착오의 문제입니다. 시도해보면서 자신에게 잘 맞는지 알아가야 하죠." 뤼트 페인호번은 말한다.

앞에서 이야기기했던 내용을 참고하여 공공장소에서 이렇게 실천해보자.

- 버스나 지하철에서 무의식적으로 SNS를 둘러보고 있다면 당장 그만둔다.
- 교통 체증에 걸릴 때도 그렇게 한다.
- 휴일에는 해안가나 공원, 수풀, 산 같은 닉센하기 좋은 장소에 가도 좋다.

- 버스를 기다리는 시간에 닉센을 한다.
- 의사의 진찰을 기다리는 동안 닉센을 한다.
- 어떤 약속이든 기다리면서 닉센을 한다.
- 카페나 레스토랑에서 친구나 애인을 기다릴 때, 잠시 아무것도 하지 않는다.
- 영화관에서 영화가 시작하기 전에 머리를 식힐 겸 아무것도 하지 않는다.

네덜란드인에게 배우는 생각 끄기의 기술

●●●●●

솔직하게 말한다

자신의 의견을 직설적으로 말하는 것이 예의에 어긋난다고 생각하는 문화에서 온 사람이라면 네덜란드인의 솔직한 모습에 당황할 수도 있다. 그들이 종종 무례하다고 여겨지는 이유다. 하지만 네덜란드인들은 솔직한 게 무례한 것은 아니라고 생각한다. 단지 의사소통의 한 방식일 뿐이다.

나도 처음에는 네덜란드인의 지나치게 솔직한 태도가 불

편했다. 하지만 점점 그 가치를 이해하게 되었고 그러자 이런 태도가 지닌 이점이 보이기 시작했다. 솔직한 태도는 이해 당사자 간의 의혹을 해소하는 데 도움이 된다.

그들은 겉치레에서 벗어나 사실이나 자신의 의견을 곧바로 전한다. 상대에게 자신의 솔직함을 잘 전달할 수만 있다면 이는 매우 효과적인 의사소통 방법이다. 따라서 여러분이 닉센을 하고 있다면 두려워 말고 이 사실을 당당히 말하기 바란다.

다른 사람의 닉센 시간에 관대해진다

네덜란드인들의 전형적인 특성 가운데 페르자윌링(verzuiling), 즉 지주화가 있다. 각자가 자기 신념에 따라 사는 것이다.

모두가 사회에 기여해야 하지만 네덜란드인들은 서로 다른 생활 방식일지라도 기꺼이 받아들이거나 최소한 용인하려고 한다. 사회의 모든 구성원은 자신의 목소리를 낼 권리가 있으며 모두의 합의하에 결정을 내린다.

닉센 친화적인 환경을 만든다

네덜란드에서는 놀라울 정도로 자연을 제대로 보호하고 관리한다. 주위 환경은 우리의 감정에 큰 영향을 미친다. 네덜란드인이 행복한 이유 중 하나일 테다. 우리도 그들의 사례를 본받아 자신의 집과 사무실을 닉센 친화적으로 만들면 어떨까? 편안한 소파로 장식하고 닉센을 할 수 있는 아늑하고 구석진 공간을 마련해보자.

녹색이나 파란색처럼 마음을 차분하게 하는 색상을 집 안이나 사무실 곳곳에 활용한다. 또한 텔레비전이 아니라 난로나 창문을 마주하도록 가구를 배치한다. 전자 기기는 필요할 때 손쉽게 이용할 수 있는 장소에 놓되 눈에 띄지 않게 한다. 어디에 살든 공원에 가면 닉센 친화적인 벤치를 발견할 수 있으며 숲이나 해안가나 사구 같은 자연환경도 누릴 수 있다. 밖에 나가 닉센을 할 만한 괜찮은 장소를 찾자.

일정표에 생각 끄기를 연습할 시간을 적어둔다

네덜란드인은 무슨 일을 하든 일정표부터 점검한다. 즉흥적인 만남을 즐기는 사람들이 적응하기 힘든 문화일 수 있다. 하지만 그들은 그렇게 일정을 정리하면서 일, 우정, 가족, 취미, 스포츠, 휴식 등 만족스러운 삶을 살기 위해 필요한 일들을 놓치고 있지는 않은지 항상 점검한다. 훌륭한 방법이다. 약속 시간을 일일이 적어둘 만큼 현명한 사람들이라면 닉센을 할 시간도 적어둘 테니 말이다. 이미 병원 예약 일정을 관리하기 위해 일정표를 사용하고 있다면 닉센을 즐길 시간도 적어보자. 닉센은 정신 건강이나 신체 건강에 아주 중요한 활동이기 때문이다.

아무것도 하지 않을 짧은 시간을 마련한다

네덜란드인이 닉센에 회의적이며 닉센을 할 시간이 없다고 말하는 이유 중 하나는 자신들이 하는 행위를 닉센이라고 부르지 않기 때문이다. 사이클링을 하고 해안가에 가고 친구들과 어울린다고 말한다. 하지만 그들에게도 햇살 좋은 날 북해에서 수영을 한 뒤 모래 위에 깐 수건 위에 누워 닉센을 즐기는 순간이 분명히 있다.

우리도 그렇게 할 수 있다. 반드시 해안가에 가지 않아도 된다. 조금만 주의를 기울이면 닉센을 즐길 틈을 얼마든지 찾을 수 있다. 의사의 진찰을 기다릴 때나 버스를 기다릴 때가 아주 적합한 예다. 나는 이런 순간을 닉센 주머니라고 부른다. 그런 시간을 잘 찾아서 즐기면 된다.

그 정도면 충분하다고 말한다

네덜란드에서는 감정을 극단적으로 분출하는 것이 기이하게 여겨지며 심지어 무례하거나 가식적으로 여겨지기도 한다. 그들은 "평범하게 해, 그 정도면 충분해(Doe maar gewoon, dan ben je al gek genoeg)"라고 말한다. 네덜란드에서는 불평을 하거나 다른 사람보다 더 많이 혹은 하루 종일 일했다고 자랑해서는 안 된다. 자신의 성과나 자신만의 차별점을 자랑하는 것은 바람직하지 못한 행동으로 받아들여진다. 슈퍼히어로가 되려고 하지 마라. 평범한 것으로 충분하다. 그리고 잊지 마라. 아무것도 하지 않고 싶어 하는 것은 지극히 자연스럽고 정상적인 일이다.

비판적인 사고를 한다

네덜란드인은 비판적인 사고를 한다. 그들은 새로운 트

렌드를 아무런 의심 없이 받아들이는 사람들이 아니다. 미국 언론이 유행시키기 전에 네덜란드에서 닉센이 특정한 트렌드로 자리 잡지 못한 이유다. 우리를 날씬하고 건강하며 완벽한 사람으로 만들어줄 것을 약속하는 웰니스 트렌드에 비판적인 것은 바람직한 일이다. 그러한 트렌드는 없기 때문이다.

네덜란드인은 새로운 자료가 나타나는 순간 언제든 견해를 바꾸기도 한다. 우리도 그렇게 해보자. 닉센을 한번 해보면서 나에게 맞는지 보는 것이다. 그렇지 않을 경우 다른 환경에서 다시 해본 뒤 어떤지 살펴보자. 그래도 도움이 되지 않거든 완전히 다른 일을 시도해봐도 좋다. 그렇다고 손해 볼 건 없다.

온전한 휴식을 위한 질문

- 닉센을 내 삶에 도입하려면 어떻게 해야 할까?
- 이번 장에서 소개한 세 가지 장소(집, 직장, 공공장소) 가운데 나는 어느 곳에서 닉센을 더 많이 해야 할까?
- 나는 언제 삶의 속도를 높이거나 늦춰야 할까?

닉센을 즐기는 또 다른 방법

앞서 얘기한 방법을 실천하고서도 닉센을 더 많이 즐기고 싶다면 아래 두 가지 방법을 함께 실천해보자.

계획을 세운다

아무것도 하지 않겠다는 특정한 목표를 수행할 시간을 떼어놓는다. 생각해보자. 우리는 헬스장에 가거나 일하러 가거나 가족과 시간을 보내는 것처럼 자신이 중요하게 생각하는 활동을 하기 위해 시간을 마련한다.

하지만 온갖 책무에 시달리며 우리는 자신을 위한 시간, 아무것도 하지 않는 시간을 갖는 것은 쉽게 잊어버린다. 우리는 이 일에서 저 일로 정신없이 뛰어다니며 좀처럼 멈추지를 못한다.

여러분이 바로 그렇다면 잠시 멈춰서 자기 자신에게 "잠깐만, 내가 뭘 하고 있는 거지?"라고 물어야 한다.

닉센을 즐기는 시간을 지구상에서 가장 중요한 순간처럼 생각해야 한다. 우리의 정신 건강과 신체 건강은 중요하며 닉센은 이를 증진하는 데 도움이 된다.

닉센을 할 시간을 의식적으로 마련하라. 때로는 더 흥미롭고 중요해 보이는 활동들 대신 닉센을 하도록 계획을 세워야 한다. 『아무것도 하지 않는 법』을 쓴 제니 오델은 이를 NOMO(Necessity of Missing Out), 기회를 놓칠 필요성이라 부른다. 일정표에 닉센을 할 시간을 추가하자. 아니면 로라 밴더캠(Laura Vanderkam)이 『시간 전쟁』에서 조언한 것처럼 일정표에 빈칸을 남겨두기 바란다. 우리는 이 시간에 훨씬 더 중요하지만 우리를 짓누르지 않는 다른 일들을 할 수 있을 것이다.

닉센을 할 기회를 적극적으로 찾는다

일상에서 닉센을 할 기회를 적극적으로 찾을 수도 있다. 스마트폰을 만지작거리며 트위터 타임라인을 훑거나 다른 소셜 미디어를 들락거리는 온갖 상황을 떠올려

보라. 닉센을 즐기겠다고 마음먹는다면 닉센을 할 기회가 도처에 널려 있음을 알 수 있다. 무언가를 기다리거나 휴식을 취할 때가 바로 그때다.

"10분 정도 시간이 남을 때나 아이들이 학교나 놀이터에서 돌아오기를 기다리는 동안 괜히 스마트폰을 만지작거리며 지루한 시간을 달래는 대신 주위를 바라볼 수 있겠죠. 구름을 보고, 커피 향을 느끼는 겁니다. 멍하니 딴생각을 하는 거예요." 산디 만은 이렇게 말한다.

만은 출퇴근 시간을 이용해 닉센을 하는데, 딴생각을 하기 위해 라디오는 켜놓지 않는다고 한다. 우리는 닉센을 할 수 있는 기회라면 무엇이든 적극 활용해야 한다. "슈퍼마켓에서 줄을 서 있을 때 스마트폰을 들여다보지 마세요. 주위를 둘러보고 몽상에 빠지기 바랍니다."

일정과 욕망, 개성에 따라 각자 저마다 선호하는 방식을 이용해보자.

네덜란드인은

“평범하게 해, 그 정도면 충분해”라고 말한다.

CHAPTER

5

행복은 멀리서 오지 않는다

나는 소파에 앉아서 폴란드 바르샤바에서 살았던 가족 아파트의 내부를 떠올린다. 한때 네덜란드에 사셨던 외조부모의 아파트다. 벽은 델프트 블루 접시로 장식되어 있고 부모님 침실 서랍장에는 네덜란드의 유서 깊은 세라믹 회사 마큄(Makkum)의 화려한 튤립 꽃병이 놓여 있다. 네덜란드에 정착하기 전에도 네덜란드는 사실상 내 집이었던 셈이다.

네덜란드에 10년째 살고 있지만 이 나라와 나의 관계는 그보다 훨씬 전으로 거슬러 올라간다. 1950년대와 1960년대 주네덜란드 폴란드 대사였던 외할아버지 때문에 가족들은 네덜란드에 8년 동안 살았다. 할아버지는 당시 이곳의 삶을 기록한 『암스테르담 ABC(The ABC of Amsterdam)』를 쓰기도 했다. 네덜란드살이에 관한 일종의 안내서로 정치부터 문화에 이르기까지 이곳 생활의 모든 것을 다룬 책이었다.

내가 네덜란드로 이주한 이후 어머니와 아버지, 남동생은 정기적으로 나를 찾아왔다. 우리는 종종 1번 트램을 타고 스헤베닝언(Scheveningen) 해변에 갔고 폴란드 대사관을 지날 때면 엄마는 어린 시절 그곳에서 보낸 8년에 관한 이야기를 들려주었다. 엄마가 가장 좋아하던 것은 버터와 가루 설탕을 듬뿍 입힌 네덜란드식 작은 팬케이크 포페르티어스(poffertjes)를 먹으러 나가는 일이었다.

내가 이곳에 온 이유

• • • • •

2009년, 나는 6주 된 아기와 함께 네덜란드에 도착했다. 갓난아이를 데리고 이사하는 것은 절대로 권장하지 않지만 당시에 나는 남편과 떨어져 살거나 이사하거나 둘 중 하나를 선택해야 했다.

초보 엄마였던 나는 네덜란드에서 새로운 생활을 시작하면서 생존에 온 힘을 쏟았다. 음식과 옷, 장난감을 비롯해 가정에서 필요한 수만 가지 물건을 찾아내야 했다. 게다가 이 물건들을 네덜란드어로 어떻게 부르는지도 알아야 했다. 아이가 다른 네덜란드 아이들처럼 6개월 무렵부터 어린이집에 다니기 시작하면서 나는 잠을 조금 더 잘 수 있었고 마침내 내가 정착한 나라를 조금씩 알아갔다. 익숙한 부분도 있었고 낯선 부분도 있었다. 좋아하는 점도, 썩 달갑지 않은 점도 있었다.

델프트에 살던 당시에 우리는 헤이그에서 멀지 않은 예스럽고 로맨틱한 작은 도시, 델프트에 살았다. 델프트는 16세기에 독립한 네덜란드의 수도였지만 이제는 청백 도자기로 더 유명하다. 그림 같은 운하와 웅장한 교회를 따라 아름다운 옛집이 늘어선 델프트는 네덜란드의 모든 것을 24제곱킬로미터 내에 압축해놓은 도시처럼 보인다.

서서히 정신을 차리면서 주위의 아름다움이 보이기 시작했고 나는 네덜란드가 정말로 독특한 나라임을 깨달았다. 운하와 오래된 집이 만들어내는 웅장한 경관을 감상하는 내 주위로 키 큰 네덜란드인들이 자전거를 타며 지나갔다. 남편과 나는 예스러운 카페에서 현지인들을 만났고 우리는 머지않아 스페퀼라스(speculaas) 쿠키와 꿀을 곁들인 생강차, 헴베르트헤이(gemberthee)를 주문하는 법을 터득했다.

작은 나라, 큰 사람들

• • • • •

네덜란드는 서유럽에 자리한 국가다. 인구는 1700만 명 정도로 그중 82만 명이 수도인 암스테르담에 산다. 네덜란드의 면적이 4만 2508제곱킬로미터가 조금 넘는 점을 생각하면 실로 놀라운 일이다.

비교를 해보자면 미국은 네덜란드보다 약 237배 크고 영국은 6배 정도 크다. 네덜란드는 정말 작다. 기차나 자동차를 타고 네덜란드에 들어서서 "이제 네덜란드야"라고 말할 때쯤에는 이미 독일이나 벨기에 국경을 지날 무렵이다. 두 국가 외에도 네덜란드는 영국과 해상 경계선을 마주하고 있으며 국토의 상당 부분이 바다에 둘러싸여 있다. 네덜란드인들의 마음속에 물이 늘 자리하는 것도 당연하다.

이 나라가 몹시 작다는 사실에 나는 매료되곤 한다. 네덜란드인, 특히 네덜란드 남자들은 평균 신장이 183센티미터로 세계에서 가장 크기 때문이다. 키가 157센티미터 밖에 되지 않는 나는 네덜란드인 뒤에 서 있을 때면 그들이 팔꿈치로 내 머리를 칠까 봐 조마조마하다.

아이를 어린이집에 맡긴 이후로 나는 무엇을 해야 할지 궁리할 틈을 얻어 정말 기뻤다. 삶의 속도가 지나치게 빠른

곳에 살았다면 나는 쉽게 지쳤을 테다. 그런 곳에서 창의적인 활동을 하기란 불가능에 가깝기 때문이다.

이 나라가 가족 친화적이고 안전하다는 사실도 마음에 든다. 어디서든 걷거나 기차나 트램, 버스를 타고 델프트나 헤이그에 갈 수 있다(우리 가족은 지금 이 두 도시 사이에 살고 있다). 우리는 당일치기로 네덜란드 곳곳을 여행하며 매번 새로운 장소를 찾아낸다.

나는 이내 네덜란드인들이 행복하다는 사실을 알게 되었다. 행복은 이들을 설명하는 올바른 단어가 아닐지도 모른다. 이웃들은 거리에서 만나면 인사를 나누고 사람들은 나와 내 아이에게 미소를 지어 보인다. 서두르거나 스트레스를 받는 사람은 보기 드물다. 느리고 (보통 형편없는) 서비스가 불만이기는 하지만 남동생은 그것마저 바람직하게 해석하며 "서두를 필요가 없는 곳에 있다는 건 진짜 기분 좋은 일이야"라고 말한다. 그들은 확실히 차분하고 고요한 자신들의 삶에 만족하는 듯 보인다.

실제로 네덜란드인은 행복 지수에서 늘 상위권을 차지한다. 어떻게 그런 일이 가능할까? 나는 천국에 살고 있는 것일까? 튤립 들판, 합법 마리화나, 치즈(한 연구 결과에 따르면 치즈는 아편이 자극하는 뇌 부위를 활성화한다고 한다. 물론 조금 더 자세히 살펴볼 여지가 있는 연구이기는 하다) 때문일까? 분명 날씨 때문은 아닐 테다. 그렇다면 네덜란드인의 행복의 비밀은 도대체 무엇이란 말인가?

삶의 만족도를 높이는 방법

● ● ● ● ●

그레첸 루빈에게 행복에 필요한 요소를 묻자 즉각 '관계'라는 답이 돌아왔다. "우리에게는 지속적이고 끈끈한 관계가 필요합니다. 속마음을 털어놓을 수 있어야 하며 소속되어 있다는 느낌을 받아야 하죠. 지지를 받아야 하고 다른 이들을 지지해줘야 합니다." 다시 말해 관계를 강화하는 것은 무엇이든 우리를 행복하게 만드는 것이다.

건강한 관계만큼이나 행복에 중요한 요소는 자기 인식이다. "우리는 내가 무엇을 좋아하는지, 내가 중요하게 생각하는 가치가 무엇인지, 나의 성정이 어떤지 알아야 합니다. 자기 자신을 알아야만 행복을 키우는 방향으로 삶을 조정할 수 있죠." 루빈은 이렇게 말한다.

그의 대답을 듣고 생각해보았다. 그가 말한 행복의 두 가지 요소를 네덜란드인에게서 찾을 수 있을까? 분명 그래 보였다.

네덜란드에 살고 있는 이방인 가운데 네덜란드인과 친구가 되기가 어렵다고 불평하는 이들이 많다. "너무 긴밀하게 조직된 사회예요. 그들은 평생 같은 마을이나 지역에서 사는 경우가 많습니다." 영국 작가이자 『시시콜콜 네덜란드 이야기』의 저자인 벤 코츠(Ben Coates)는 이렇게 말한다.

네덜란드인에게는 긴밀한 관계 외에도 든든한 울타리가 있다. CSR 스트레스 센터의 카롤린 하밍은 네덜란드인이 행복한 이유를 묻자 이렇게 답했다. "사회보장제도죠. 사람들이 거리로 내몰리는 미국과는 큰 차이입니다."

행복에 관한 연구에도 관심이 많은 행동 과학자 압 데이크스테르하위스 역시 이 말에 동의한다. "행복한 국가는 모두 안정된 민주주의와 훌륭한 사회제도, 국민이 신뢰하는 정부, 일정한 부를 갖추고 있죠. 빈곤과 부패는 찾아볼 수 없고요." 네덜란드는 이 모든 조건을 갖추고 있다.

사회학자 뤼트 페인호번의 설명에 따르면 세계 행복 연구는 행복을 "자신의 삶을 얼마나 좋아하는지"로 규정한다. 사람들이 자신의 행복을 보여주는 방식이 아니라 자신의 삶에 대해 느끼는 감정이 더 중요한 것이다. 따라서 '행복'보다는 '만족'이라는 단어가 네덜란드인을 설명하는 데 더 적합한 단어일지도 모른다. 페인호번은 이렇게 말한다. "행복을 어떻게 표현하는지는 중요하지 않습니다. 표현하지 않아도 행복한 사람은 행복하니까요. 우리는 안전하고 풍요로운 나라에 살고 있습니다. 자유가 넘치는 이상적인 국가죠. 사람들은 자신이 원하는 삶을 살고 있습니다." 네덜란드인은 이 사실을 알고 자신의 삶에 만족한다.

반면 미국인은 행복에 지나치게 집착한다. 하지만 집착은 오히려 그들을 더 괴롭힌다. "행복하지 않은 사람은 행복한 사람보다 행복에 관해 더 많이 생각합니다. 아픈 사람이 아프지 않은 사람보다 건강을 더 염려하는 것과 같은 이치죠. 연구에 따르면 행복한 사람은 행복에 더 높은 가치를 부여하고 즐거운 경험에 더 개방적이라고 합니다." 페인호번은 이렇게 말한다.

이렇게 아름다운 나라에 살면서 행복하지 않기란 정말 어려울 테다. 때때로 나는 네덜란드에 사는 것이 여행 안내서 속에서 살고 있는 거나 마찬가지라는 생각이 든다. 터무니없는 생각도 아니다. 네덜란드는 론리플래닛 선정 2020년 최고의 여행지 10곳 중 하나다. 이 나라에 관한 설명은 전부 사실이다. 운하를 따라 줄지어 선 오래된 집? 진짜다. 튤립 들판? 사진으로 보는 모습과 판박이다. 풍차? 사실이다. 아버지와 함께 1990년대 중반에 네덜란드를 방문했을 때 눈에 보이는 풍차의 개수를 세어본 적이 있는데 너무 많아서 이내 세기를 포기했다. 이곳에서 사는 것은 정말 행운이다.

이래도 네덜란드에서 살고 싶은 마음이 들지 않는 사람이 있을까? 네덜란드에서 내가 가장 좋아하는 장소는 사구다. 헤이그에 산다면 곳곳에서 사구를 볼 수 있다. 헤이그에는 11킬로미터에 달하는 해안이 있기 때문이다. 나는 이 도시에 오자마자 사구의 매력에 푹 빠졌다. 네덜란드에서 자라는 1500종의 야생 식물과 꽃 가운데 절반이 온갖 사구에서 자란다.

사구는 모든 계절마다 실로 놀라운 장관을 연출한다. 봄과 여름에는 노란색, 흰색, 분홍색 꽃들이 자라고 가을과 겨울에는 녹색, 갈색, 암적색의 이끼와 잔디가 피어난다. 나는 가족들과 함께 그곳을 걸으며 계절에 따라 변하는 색상과 온도를 만끽하기를 즐긴다.

내가 사구를 그렇게나 좋아하는 것은 조금 우스운 이론 때문이다. 인간이 수풀에서 사바나 초원으로 이동하면서 두 발로 걷는 법을 배우기 시작했다는 사바나 가설과 관련한 이론이다. 지금은 도시에 살지만 우리는 여전히 원시적인 풍경을 향한 특별한 애착을 품고 있는 모양이다.

사람들에게 다양한 풍경이 담긴 사진을 보여주며 어느 곳이 가장 마음에 드는지 물을 때면 사바나 풍경이 담긴 사진이 늘 인기가 많다. 사바나는 평편한 지대이지만 사구에는 언덕이 많다. 하지만 사구에도 사바나처럼 관목과 잔디가 있으며 양이나 산악 암소, 코닉(konik)말, 심지어 유럽들소 같은 방목 가축들이 산다. 이 동물들은 얼룩말이나 사자, 코끼리만큼 흥미롭지는 않지만 확실히 아름답다.

버지니아대학교의 심리학자 오이시 시게히로(Shigehiro Oishi)가 진행한 연구에 따르면 내향적인 사람은 산을 더 좋아하고 외향적인 사람은 개방적인 평원을 더 좋아한다고 한다. 내가 사구를 이토록 좋아하는 이유를 알 것 같다. 내향적인 나는 네덜란드라는 평편한 국가에서 그나마 산에 가장 가까운 지형인 사구에 끌릴 수밖에 없었다.

멋진 것을 맛있다고 표현하는 나라

• • • • •

네덜란드는 높은 기대 수명과 삶의 질을 누리는 건강한 국가이기도 하다. 옥스팜(Oxfam) 연구에 따르면 네덜란드인은 과일과 채소를 가장 쉽게 먹을 수 있다고 한다. 다시 말해 그들은 돈이 충분하지 않아도 신선한 농작물을 구할 수 있다. 옥스팜 굿 이너프 투 잇(The Oxfam Good Enough to Eat) 연구는 충분한 먹거리, 식품 접근성, 식품의 질, 건강 등 다양한 항목에서 네덜란드에 최고 점수를 주었다.

흥미롭게도 유로모니터(Euromonitor)가 수행한 또 다른 연구에서는 네덜란드가 설탕과 지방에 열광하는 국가로 밝혀지기도 했다. 식사에는 늘 프렌치프라이를 곁들이고 아이들은 아침 식사로 폭신한 흰 빵 위에 하헬슬라흐(hagelslag)라 부르는 초콜릿 스프링클을 뿌려 먹는다.

네덜란드에 사는 외국인 이민자들이 자국의 음식을 만드는 데 필요한 재료를 찾는 데 도움을 주는 단체를 통해 만난 리 브루노-클라크(Li Bruno-Clarke)는 이렇게 말한다.

"여행 가방 두 개를 끌고 처음 네덜란드에 왔을 때는 몹시 초조했어요. 막 이혼한 데다 마흔이 코앞이었죠. 직장도 없었고 그저 미국인 특유의 할 수 있다는 정신으로만 무장한 상태였어요. 네덜란드 땅에 발을 디디기로 한 것은 말도 안 되는 결정처럼 보였지만 결국 제가 살면서 가장 잘한 일이었죠. 음식을 좋아하는 저에게 이곳은 정말 천국이었어요. 아우더 암스테르담 치즈(oude Amsterdamse kaas)와 비테르런(bitterballen)을 마음껏 먹었죠. 넘쳐나는 프랑스산 와인과 벨기에산 초콜릿은 또 어떻고요!

소셜 네트워크를 통해 저는 국제적인 에너지 기업에서 일자리를 얻었습니다. 네덜란드인들과 일하는 법을 배워야 했죠. 네덜란드인들은 무례하다 느낄 정도로 고지식합니다.

미국의 다문화 가정에서 자란 저는 에둘러 말하지 않는 네덜란드 사람들의 대화 방식이 잘 맞았어요.

가장 어려웠던 것은 점심시간이었습니다. 저는 제 자리에서 일을 하면서 점심을 먹는 데 익숙했죠. 하지만 이곳에서는 그러한 방식이 전혀 통하지 않습니다. 식사 시간에는 동료와의 대화에 참여해야 해요. 네덜란드어로 이루어지는 대화 말입니다. 샌드위치에 우유나 오렌지 주스를 먹는 것은 익숙해지기 어렵겠지만 그 시간을 통해 외부인은 새로 정착한 이 나라의 일상적인 삶을 여러모로 이해하게 될 거예요."

네덜란드인 역시 때로는 먹고 싶은 대로 먹으며 크게 자제하지 않는다. 비만인 사람들은 거의 없으므로 이런 식사는 정도껏 먹는 듯하다. 네덜란드인은 튀긴 크로켓인 비테르발런, 시럽이 든 달콤한 쿠키인 스트로프바펄(stroopwafel)을 적당히 먹는다. 너무 자주 먹지도, 너무 많이 먹지도 않는다. 게다가 이런 달콤한 간식들은 보통 특정한 계절에만 즐길 수 있다. 가령 네덜란드식 도넛인 올리볼런(Oliebollen)은 11월부터 1월까지만 판매한다.

음식 얘기가 나와서 말인데 나는 네덜란드인이 음식뿐만 아니라 모든 것을 레커르(lekker), 즉 맛있다고 묘사하는 방식이 마음에 든다. 잠도 맛있고 따뜻한 것도 맛있을 수 있다.

춤은? 당연히 맛있다. 차분한 휴식은? 달콤하다. 네덜란드인은 바쁜 것조차 레커르 드뤽(lekker druk)이라는 표현을 사용해 맛있다고 말한다.

다시 닉센에 관한 얘기로 돌아오면 레커르 닉센(lekker niksen)이라는 표현도 있다. 아무것도 하지 않는 것 역시 맛있기 때문이다. 네덜란드에서 흔히 사용하는 표현으로 영어의 '달콤한 게으름'과 비슷한 뜻이다.

(적당한) 식탐을 허용하는 나라, 달콤한 간식을 즐길 시간을 갖는 나라, 멋진 것을 맛있다고 표현하는 나라라면 닉센이 자연스럽게 탄생할 수밖에 없지 않을까.

행복하게 만드는 문화

야마모토 나오코가 《비즈니스 인사이더》에 쓴 기사를 읽고 나서 그녀를 만났다. 닉센이 다른 국가에서 어떤 반향을 불러일으키는지 궁금했던 나는 그녀에게 일본의 직장 문화가 네덜란드의 직장 문화와 어떻게 다른지 물었다.

나오코는 이렇게 답했다. "우선 일본 기업은 위계질서가 확실하고 의사 결정 과정이 훨씬 더 복잡합니다. 수많은 합의 끝에 결정을 내리죠. 그 과정은 상당히 오래 걸립니다. 일본인들은 아주 신중하고 완벽하게 계획을 세우는 편이에요.

네덜란드에서는 상사와 부하 직원 간의 관계가 꽤나 수평적입니다. 의사 결정은 아주 단순하고 빠르게 이루어지죠. 하지만 너무 빨리, 경솔하게 이루어지기도 합니다. 실패할 확률도 높고요.

위계질서나 기나긴 의사 결정 과정 때문에 일본의 직장인들은 스트레스를 많이 받는 편입니다. 일본인은 불필요하게 오랜 시간 근무하죠. 완벽한 계획을 세우기 위해 오랜 시간을 투자하고도 우리는 실패를, 실수를 두려워합니다. 네덜란드인처럼 일한다면 닉센을 할 시간이 더 많을 텐데 말이에요.

일본 교육제도 역시 닉센을 하기 어렵게 만듭니다. 우선 일본 아이들은 여름방학 동안 해야 하는 숙제가 어마어마하게 많습니다. 일본인이 연휴에도 닉센을 하기 어려운 이유입니다.

둘째, 일본인은 무엇이든 완벽하고 꼼꼼하게 해야 한다는 소리를 들으면서 자랍니다. 재미보다는 완벽을 추구하죠. 이는 일본인의 성정에 영향을 미치며 휴식을 취하는 방식에도 영향을 줍니다. 교육부터 바뀌어야 해요.

제가 보기에 닉센을 하려면 어느 정도의 자율성이 필요

합니다. 자신의 삶을 통제하며 지나친 근무시간을 거부해야 하죠. 우리는 자신을 위해 결정을 내리는 법을 배워야 합니다. 자기 자신에 대해 생각하는 법을 배워야 하죠."

신념에 따라 자유롭게 산다

네덜란드인들을 특징짓는 단어 가운데 지주화가 있다. 자기 신념에 따라 자유롭게 생활하는 방식이다.

"거대한 용광로 같은 국가가 있습니다. 그런 국가에서는 모든 것을 뒤섞은 뒤 차이를 없애려고 하죠. 그들은 모두가 동일한 가치를 채택하도록 합니다. 하지만 네덜란드에서는, 특히 과거에는 분리하려는 경향이 강했죠. 천주교와 개신교는 학교와 병원, 대학을 저마다 따로따로 운영했습니다." 『시시콜콜 네덜란드 이야기』를 쓴 벤 코츠는 이렇게 말한다.

네덜란드에서 지주화는 이제 사라지고 있지만 자신의 신념에 따라 저마다의 삶을 산다는 개념은 여전히 남아 있다.

"네덜란드 사람들은 누구나 자신의 주장을 내세울 권리가 있다고 여깁니다. 네덜란드의 가장 큰 장점 중 하나죠. 네덜란드인이 꽤 관용적이고 성공하는 이유입니다. 이곳에서는 모두의 의견이 존중받으며 또 가치 있다고 여겨집니다.

어린아이의 의견조차 말입니다." 코츠는 말했다.

평범한 것으로 충분하다

미국 여자 축구팀이 월드컵에서 우승했을 때 선수들은 자신들의 기쁨을 공개적으로 드러냈다. 특히 메건 라피노(Megan Rapinoe)는 우승의 주역으로 추앙받으며 모두의 축하를 받았다. 기뻐하는 선수들의 모습은 보기 좋았으나 모두가 그렇게 느낀 것은 아니었다. "그들은 세 번째 골을 넣은 뒤에도 계속해서 환호했죠." 암스테르담의 육아 전문가 카타리나 하베르캄프는 이렇게 말한다.

네덜란드에서 감정을 분출하는 행동은 기이하게 여겨지며 심지어 무례하거나 가식적으로 여겨지기도 한다. "늘 행복할 필요가 없습니다. 다른 이들에게는 결례가 되기도 하거든요. 겸손해야 합니다." 하베르캄프는 이렇게 말했다. 네덜란드인들의 정신에 깊이 뿌리박혀 있는 사상과도 관련이 있어 이를 가리키는 특정 표현이 있을 정도다.

네덜란드인들은 "평범하게 해, 그 정도면 충분해"라고 말한다. 모두가 같은 방식으로 말하고 행동해야 한다는 말이 아니다. 과장된 행동이나 감정적인 반응은 눈살을 찌푸리게 만드니 자신의 업적을 너무 자랑하지 말아야 한다는 뜻이다.

모두가 의사 결정 과정에 참여한다

직장에서는 위계질서가 없고 사원과 관리자 간에는 거리가 없다. 모든 결정은 합의에 따라 내려지고 모두가 의사 결정에 참여한다. 때로는 해당 결정과 무관하거나 별로 관련이 없는 사람조차도 의사 결정 과정에 참여한다.

폴데런(polderen)이라 불리는 이 같은 합의를 도출하는 모임은 네덜란드 민주주의의 핵심 요소다. 정당은 다양하지만 정부를 형성할 때면 수많은 소수 정당 간의 연합이 이루어진다. 네덜란드의 정치는 주로 공통점과 합의점을 찾는 과정이다.

네덜란드 아이들은 학교에서 자신의 의견을 공유하도록 배운다. 학교에서는 동그랗게 둘러앉아 모두가 자신의 하루에 관해 말할 기회가 주어지는 크링테이트(kringtijd) 시간이 있다. 네덜란드에서는 생일 파티 때도 이렇게 동그랗게 둘러앉는다. 스튀아르 빌링휘르스트(Stuart Billinghurst)는 자신의 블로그 '네덜란드 격파(Invading Holland)'에서 이런 파티를 일컬어 "네덜란드식 원형 파티"라 부른다. 암스테르담 섈로 맨(Amsterdam Shallow Man)이라 불리는 또 다른 블로거 시몬 볼콧(Simon Woolcot)은 한발 더 나아가 이를 "네덜란드식 죽음의 서클"이라고 농담처럼 말하기도 한다.

네덜란드식 생일파티에서 흥미로운 점은 손님들이 파티 주인공만이 아니라 그 자리에 참석한 모든 아이를 축하해야 한다는 것이다. 이곳에서는 평등을 정말로 중요하게 생각한다는 사실을 또 한 번 느끼게 되는 지점이다.

평등, 만족, '평범한 것으로 충분하다'는 태도에는 얼마간의 모순이 존재한다. 사람들은 성별이나 나이, 기벽과 관계없이 누구든 사랑할 수 있다. 개성이 존중되기 때문에 아무도 뭐라고 하지 않는다. 하지만 모두가 사회의 관습을 따라야 한다는 조건이 붙는다.

벤 코츠는 이렇게 말한다. "사회가 정한 규칙을 잘 지켜야 합니다. 동성애자여도 상관없고 남자끼리 결혼해도 문제없습니다. 하지만 분리수거를 올바르게 하지 않거나 쓰레기를 배출일이 아닌 다른 날에 버린다면 사회적으로 큰 문제가 되죠."

어떻게 그런 것일까? 뤼트 페인호번은 이렇게 설명한다. "네덜란드에서 개인주의는 평등주의와 함께 갑니다. 네덜란드 문화는 권위적인 사람의 명령보다는 협조적인 순응을 중시하죠."

평범함을 추구하는 네덜란드인의 성향을 단순히 순응성의 관점으로만 볼 수는 없다. 이는 사회적인 압력의 결과가 아니라 대화를 통해 합의에 도달하기 위한 의지와 욕망에 가깝다.

아이들이 행복한 이유

어맨다 판뮐러헌(Amanda van Mulligen)은 네덜란드에 산 지 꽤 오래된 영국인이다. 그녀는 이렇게 말한다.

"제 아들은 셋 다 이곳에서 태어났죠. 저 때문에 어느 정도는 영국적인 면을 갖고 자라겠지만, 아이들은 확실히 네덜란드인입니다. 제가 이제 집이라 부르는 이 나라는 제 양육 방식에 큰 영향을 미쳤어요. 영국에 살았더라면 저는 다른 방식으로 아이를 키웠을 겁니다.

네덜란드에서는 어릴 때부터 독립을 중시합니다. 많은 아이들이 자전거를 타고 초등학교에 등하교합니다. 제 아이들도 예외가 아니죠.

12살이 된 아이는 40분 동안 자전거를 타고 중학교에 갑니다. 아이가 중학교에 입학할 때만 해도 마음이 조마조마했어요. 하지만 다른 네덜란드 엄마들이 저를 안심시켰습니다. 그들도 걱정하는 마음은 매한가지더라고요. 하지만 규칙을 정하고 아이들을 세상에 내보낸 뒤 잘되기를 바라는 거라고, 아이들은 그렇게 책임감 있고 행복한 어른으로 성장하는 거라고 하더군요.

제가 네덜란드 양육 방식에서 가장 좋아하는 부분은 놀이에 집중하는 것입니다. 초등학교에 다니는 아이들은 숙제가 거의 없어요. 친구와 동네를 돌아다닐 시간이 충분하죠. 아이들은 워키토키를 들고 경찰 놀이를 하거나 축구를 하거나 자전거를 탑니다. 날씨에 개의치 않고요. 저녁 식사 때가 되면 집으로 돌아옵니다.

저녁은 거의 가족 모두가 함께 먹습니다. 네덜란드의 워라밸 문화 덕분에 가능한 일이죠. 저희 아버지는 늘 늦은 시간까지 일하셨기 때문에 저는 그런 기억이 별로 없습니다. 영국에 있는 다른 친구들도 이런 상황을 어색해하기는 마찬가지죠.

네덜란드 육아에서 제가 따르지 않는 부분이 있다면 그건 아침으로 먹는 하헬슬라흐가 유일합니다. 우리 아이들은 아침 식사로 시리얼을 먹어요."

네덜란드인은 세상에서 가장 행복한 이들일 뿐만 아니라 세상에서 가장 행복한 아이들을 키우고 있기도 하다. 네덜란드에서는 어린이집, 정부 보조 양육비, 유급 육아휴직 같은 든든한 지원 프로그램을 운영하기 때문이다.

네덜란드인의 육아 방식 또한 눈여겨볼 만하다. 네덜란드에서 아이가 울 때 엄마들이 보이는 가장 엄격한 행동은 "울지 말렴. 그건 헤젤러흐(gezellig)가 아니야"라고 말하는 것이었다. (헤젤러흐는 번역이 불가능한 단어로 '안락한'이라는 의미를 담고 있다. 이 단어는 뒤에서 더 자세히 다루겠다.)

네덜란드 부모들은 소리를 지르는 대신 자신이 왜 그렇게 행동하는지 아이에게 설명하고 아이에게 질문을 하게끔 한다. 아이들은 무례하지 않지만 활동적이고 자기주장이 확실하며 의사 결정 과정에 참여하는 데 익숙하다.

새로운 아이가 태어날 때 부모는 차분하고 조용한 환경을 조성한다. 미국 부모와 네덜란드 부모가 아이들과 교류하는 방식을 비교하는 한 연구 결과에 따르면, 이 차분한 분위기가 네덜란드 아기들이 미국 아기들보다 차분하고 편안해지는 데 기여하는 것으로 밝혀졌다.

"네덜란드인은 어린 시절을 아주 중요하게 생각합니다. 꽤나 낭만적인 시기로 바라보죠. 어린 시절은 자연 속에서 자유롭게 자신의 인생을 탐구하는 시기입니다. 네덜란드 아이들이 행복한 이유가 바로 여기에 있습니다." 네덜란드 육아 전문가 카타리나 하베르캄프는 이렇게 말한다.

네덜란드에서는 아빠가 아이 양육에서 중요한 몫을 한다. 원한다면 90일 휴가를 쓸 수 있는 스웨덴 아빠처럼 육아 휴직 기간이 길지는 않지만 네덜란드 아빠는 아이가 아주 어릴 때부터 육아에 깊이 관여한다. 델프트에서 살 때 아이와 함께 놀이터에 나온 엄마가 나 혼자였을 때 내가 얼마나 놀랐는지 모른다. 주위에는 온통 아빠들뿐이었다. 아주 즐거운 경험이었다.

많은 아빠가 아이와 시간을 보내기 위해 일주일에 하루는 휴가를 낸다. 모든 아빠가 이런 휴가를 쓸 수 있는 것은 아니지만 많은 아빠가 휴가를 내서 가족과 시간을 보낸다. 그들은 이 시간에 아이를 돌볼 뿐만 아니라 집안일이나 취미 생활을 하기도 한다.

육아 전문가의 글을 읽고 그들과 인터뷰를 하면서 나는 네덜란드인의 전형적인 특징을 알게 되었다. 루틴의 필요성과 루틴을 지키고자 하는 욕망이다. 네덜란드 육아의 3R은 뤼스트(rust), 레헬마트(regelmaat), 레인헤이트(reinheid)로 각기 차분함, 규칙성, 청결함을 의미한다. 네덜란드인들은 자녀를 기를 때 이 세 가지 요소를 중요하게 생각한다.

"네덜란드인은 6시에 저녁을 먹죠. 텔레비전 앞에서 저녁을 먹는 경우는 드뭅니다. 식탁에 앉아서 식사해요. 식탁은 가족들이 일상적으로 만나는 장소입니다." 카타리나 하베르캄프는 이렇게 설명한다.

네덜란드의 육아 방식은 미국이나 영국을 비롯한 다른 국가들보다 자유롭다. 영국 작가이자 『네덜란드 소확행 육아』의 공동 저자 겸 편집자인 미셸 허치슨에게 네덜란드 양육 방식에 관해 묻자 이렇게 답했다. "미국인들은 아이들을 좋은 출발점에 세우기 위해, 최고의 대학에 보내기 위해, 과외 활동에 참여시키기 위해 애씁니다."

네덜란드에서 아이들의 삶은 한결 자유롭다. 이제 10대인 미셸의 아이들은 중학교에 다니기 전까지 숙제를 한 적이 없다. 그들은 성공해야 한다는 부담이나 좋은 점수와 상장을 받아야 한다는 압박에 시달리지 않는다.

네덜란드 여자는 우울하지 않다

• • • • •

네덜란드 과학 기자 엘런 더브라윈(Ellen de Bruin)은 『네덜란드 여자는 우울하지 않다(Dutch women don't get depressed)』에서 네덜란드 여성은 세상에서 가장 행복하다고 주장한다. 이 책은 『프랑스 여자는 살찌지 않는다』를 패러디한 책이지만 더브라윈은 역사가, 심리학자, 이민자를 비롯한 온갖 종류의 전문가와 얘기를 나눈 결과 네덜란드 여성이 정말로 행복하다는 사실을 발견했다. 더브라윈의 주장에 다르면 이는 개인이 누리는 자유와 큰 상관관계가 있다.

개인주의 성향이 강한 네덜란드에서는 어떤 삶을 살지를 두고 수많은 선택을 할 수 있다. 여성도 마찬가지다. 여성은 자신이 원하는 상대와 결혼할 수 있고 아예 결혼하지 않을 수도 있다. 게다가 네덜란드 여성은 (남성적인) 권위주의에 순응해야 한다는 압력을 받지 않는데 이는 행복이라는 감정을 느끼는 데 긍정적인 영향을 미친다.

무엇보다도 네덜란드에는 완벽한 외모에 대한 기대가 없다. 이는 여성의 행복 지수를 높이는 가장 중요한 요인일 것이다. 여성들은 다른 사람들의 시선을 의식하기보다는 자기 자신에게 편하고 실용적인 옷을 입는다. 청바지에 운동화 차림으로 자기 생각을 거침없이 말한다.

또한 네덜란드 여성은 다른 나라 여성과는 달리 자녀뿐만 아니라 연로한 부모까지 돌봐야 한다는 부담에서 자유롭다. 네덜란드인은 대부분 자녀를 돌보는 일이 부모의 일이라는 데는 동의하지만 노인을 돌보는 일은 국가의 일이라고 생각한다. 정부가 운영하는 양로원을 당연하게 생각하며 모두가 이 시설을 이용할 수 있다.

네덜란드에는 일가족을 의미하는 파밀리(familie)와는 반대되는 개념인 핵가족을 일컫는 단어, 헤진(gezin)이 있다. 네덜란드 사람들은 이 두 개념을 별개의 가족 단위로 받아들인다.

아빠가 육아에 관여하기는 하지만 아이를 돌보는 것은 보통 일주일에 사나흘 정도 일을 하는 엄마의 일이다. 여성의 행복 지수가 높은 주요한 이유다. 상당수의 여성이 자녀가 있든 없든 파트타임으로 일을 하는데 몇몇 연구 결과에 따르면 이는 행복감을 높이는 데 큰 영향을 미친다고 한다. 여성들은 자신의 직업에만 몰두하지 않고 가족과 취미에도 시간을 할애할 수 있을 때 더 행복해한다. 이런 생활이 보편적인 네덜란드는 워라밸을 충족하기에 그야말로 완벽한 장소다.

닉센의 천국

• • • • •

닉센을 할 시간이 없다고 말하는 네덜란드인이 많지만 나는 생각이 다르다. 든든한 사회보장제도에 짧은 근무 시간, 긴 휴가를 누릴 수 있는 이 나라는 닉센 천국에 가깝다. 물론 네덜란드인은 그 어느 때보다도 바쁘며 스트레스를 받고 있지만 그들의 문화는 닉센을 할 환경을 충분히 제공한다. 증거가 필요한가? 증거는 넘친다.

시간 엄수와 일정표

처음에 이곳에 와서 소아과에 방문했을 때다. 간호사는 나에게 "아이가 언제 잠들죠?"라고 물었다. 신생아를 돌보느라 혼이 빠져 있던 나는 "졸릴 때 자죠"라고 답했다.

나에게는 일정표가 없다. 그런 건 잃어버리기 쉬우며 내가 그런 걸 넣고 다닐 핸드백을 항상 들고 다니는 것도 아니다. 스마트폰을 이용할 수 있겠지만 온라인에서 보내는 시간은 이만하면 충분하다. 화면을 들여다볼 또 다른 이유를 만들고 싶지는 않다.

대신 자석 판을 사용한다. 내 책상 뒤쪽 벽에 자석 판을 걸고 그 위에 포스트잇을 붙인다. 더 이상 필요가 없어지면 떼어버리는데 그렇게 하면 약속에 압도당하지도 않으며 약속을 잊어버릴까 봐 염려할 필요도 없다.

네덜란드에 살고 있는 내 친구는 네덜란드인과는 즉흥

적인 만남을 갖기가 너무 어렵다며 투덜댄다. 네덜란드인의 일정표는 친목 모임이나 온갖 업무로 이미 가득 차 있다. 그 사회에 비집고 들어가 친목을 도모하고 싶은 외부인, 특히 "좋아, 지금 갈게"라는 말이 익숙한 문화에서 온 사람들이 어울리기 힘든 환경이다.

네덜란드인은 무슨 일을 하든 일정표부터 확인한다. 닉센을 하기 더없이 좋은 환경이다. 약속을 잡을 때 일정표를 살펴보면서 닉센을 할 시간도 적으면 되기 때문이다.

마음을 따뜻하게 하는 헤젤러헤이트

헤이르트 호프스테더의 6차원 문화 비교 모형(217쪽 참조)에 따르면 네덜란드인은 개인주의에서 높은 점수를 받은 것을 알 수 있다. 그들은 기쁨과 탐닉, 즐거움에도 높은 가치를 부여한다.

이 같은 특징과 가치를 담은 단어가 바로 헤젤리흐헤이트(gezelligheid)다. 이 단어는 헤젤러흐(gezellig)라는 번역하기 어려운 단어에서 유래한다. 헤젤러흐는 덴마크어 휘게(hygge), 독일어 게뮈틀리히(gemütlich), 브라질어 사우다지(saudade)와 비슷한 단어로 '예스러운', '편안한 분위기', '아늑한' 정도로 번역할 수 있지만 단순히 그런 뜻만은 아니다. 헤젤러흐는 네덜란드 고유어로 가족 간의 안락한 저녁 시간에서부터 둘이 하는 저녁 식사, 왁자지껄하고 성대한 파티에 이르기까지 온갖 상황에 적용할 수 있다.

폴란드 대사이자 네덜란드 영사였던 외할아버지는 헤젤러흐를 "마음을 따뜻하게 하고 미소 짓게 만드는 모든 것"이라고 정의하셨다. 내가 가장 좋아하는 정의로 나는 닉센 역시 헤젤러흐의 일종으로 볼 수 있다고 생각한다.

비판적 사고

비판적인 사고로 유명한 네덜란드인이 새로운 트렌드를 아무런 의심 없이 받아들일 리가 없다. 미국 언론이 유행시키기 전에 네덜란드에서 닉센이 뚜렷한 트렌드가 되지 않은 까닭이다. 나 역시 아무 생각 없이 유행을 받아들이는 사람이 아니다. 두 명의 과학자 사이에서 태어난 나는 평소에 여러 자기계발 트렌드를 비웃었다.

호프스테더 인사이트(기업의 문화 의식 증진을 돕는 단체)에서 일하는 에흐버르트 스람(Egbert Schram)은 핀란드에 살고 있는 네덜란드인이다. 그는 특히 다양한 관점이 존재하는 상황에서 네덜란드인은 거의 자동으로 피드백 회로를 돌린다고 말한다. "새로운 자료가 나타나는 순간 네덜란드인은 언제든 견해를 바꿀 수 있다는 의미죠."

네덜란드식 비판적 사고의 장점 중 하나는 훌륭한 유머 감각을 낳는다는 것이다! 한밤중에 10대 아이를 숲에 두고 온 뒤 알아서 집으로 찾아오도록 하는 네덜란드 전통을 언급한 《뉴욕타임스》 최근 기사에 대한 반응에서 나는 이 사실을 뼈저리게 느꼈다. 실제로 네덜란드에는 그러한 전통이 없었는데, 네덜란드인이 기사 아래에 남긴 댓글이 정말 재밌고 기발하기까지 했다.

뒤히(Duchie)라는 사람은 이렇게 말했다. "내가 찾은 가족이 내 진짜 가족인지 모르겠네요. 하지만 어쨌든 잘 살고 있습니다." 자신들이 끝내주게 웃긴 사람들이라는 사실을 입증하기라도 하려는 듯 또 다른 네덜란드인은 이렇게 말했다. "맙소사, 돌아올 수나 있는 거예요?"

카타리나 하베르캄프도 동의한다. "네덜란드인은 긍정적이고 유머 감각이 있죠. 어떤 상황이 닥쳐도 심각해지지 않습니다. 우리는 그렇게 서로를 돕죠. 사소한 농담을 던지고 진지한 분위기를 걷어냅니다."

솔직함

하루는 아이들을 위한 동물 체험 농장에서 둘째 아이에게 모유 수유를 하고 있었다. 그때 어떤 여자가 내 옆에 앉더니 이렇게 말했다. "모유 수유는 정말 중요하죠." 한쪽 가슴을 속옷 바깥으로 내놓은 채 아기에게 젖을 물리고 있던 나는 너무 놀라서 대답조차 할 수 없었다. 난생처음 보는 그 여자는 왜 내가 아이에게 우유를 주는 방식에 관해 자기 의견을 말한 것일까? 그녀는 모르는 사람에게 조언을 건네는 것이 지극히 자연스러운 일이라는 듯 행동했다.

예의를 차리는 것을 중요하게 생각하는 문화에서 온 사람들이라면 이런 순간이 당혹스럽게 느껴질 것이다. 네덜란드인이 종종 무례하다고 여겨지는 이유다. 하지만 네덜란드인의 관점에서 이는 무례한 태도가 아니다. 의사소통하는 방법일 뿐이다.

"네덜란드인은 자신들이 결례한다고 생각하지 않습니다. 솔직하다고 생각하죠. 영국인인 제가 예의 바르다고 생각하는 행동들을 네덜란드인은 거짓이거나 정직하지 못한 태도라고 생각합니다."

솔직히 처음에는 이런 행동이 거슬렸다. 하지만 네덜란드인이 하는 행동이 지닌 가치를 알게 되자 좋은 점이 눈에 들어오기 시작했다. 이런 태도는 이해 당사자 간의 의혹을 해소하는 데 도움이 된다. 네덜란드인은 겉치레에서 벗어나 사실이나 자신의 의견을 곧바로 전한다. 상대에게 자신의 솔직함을 잘 전달하기만 한다면 더없이 효과적인 의사소통 방법이다.

개방성과 관용

개방성은 네덜란드인의 또 다른 특징이다. 네덜란드 가정집에 달린 커다란 창문을 보라. 누구든 지나가면서 남의 집을 들여다볼 수 있다. 블라인드나 커튼을 달지 않은 집도 있다. 이런 집은 사실상 몰래 엿보라고 초대하는 것이나 다름없다. 물론 이런 행동은 '나는 숨길 것이 없다'(혹은 '나는 모든 가구를 이케아에서 산다')는 마음가짐을 의미할지 몰라도 남의 집을 함부로 들여다보면 안 된다.

이 나라에서는 금기시되는 것이 아무것도 없기 때문에 사람들은 자신에 관한 무언가를 감출 필요가 없다고 생각한다. 네덜란드인은 입에 올릴 수 없는 (혹은 얘기해서는 안 되는) 주제는 없다고 생각한다. 그들은 어렵거나 불편한 주제를 공공연하게 논하기를 두려워하지 않는다.

자신의 문제를 입 밖에 내지 않으면 우울함이나 불안, 분노 같은 또 다른 문제가 발생하기 쉽다. 감정을 억누르려는 대신 기꺼이 말하려 하는 이런 자세는 네덜란드인의 행복에 전반적인 영향을 미칠 것이다. 외부인이나 외국인에게는 다소 이상하고 무례하며 놀랍게 느껴질지라도 자기 생각을 솔직하게 말하면 일종의 해방감이 드는 것이 사실이다.

더 나아가 사람들이 자기 생각을 숨길 필요가 없는 네덜란드에서는 닉센을 할 때 변명을 생각할 필요가 없다. "나는 닉센을 하는 중이야." "나는 아무것도 하지 않는 중이야"라고 말해도 괜찮은 것이다. 네덜란드인에게 배울 것이 많지만 수치심을 느끼지 않는 것도 그중 하나다.

행복한 나라의 우울한 사람들

• • • • •

네덜란드가 세상에서 가장 우울한 국가라는 2013년 연구는 모두를 놀라게 했다. 뤼트 페인호번에게 의견을 물으니 "말도 안 됩니다. 우울증 치료는 모든 곳에서 동일하게 이루어지지 않습니다. 치료를 하려면 먼저 증상을 인정해야 하죠. 우울증을 인정하고 치료한다면 그러지 않을 때보다 국가 전체적으로 우울하다고 할 수 있을까요?"라는 답변이 돌아왔다.

나는 카롤린 하밍에게도 물었다. "우울한 정도를 어떻게 측정하죠? 의사의 소견인가요? 사회는 이를 어떻게 보죠? 중요한 건 이 나라는 행복 지수도, 우울 지수도 높다는 겁니다."

그녀의 답변은 말이 되었다. 사람들은 서구의(Western), 교육 수준이 높고(Educated), 산업화했으며(Industrialized), 부유하고(Rich), 민주적인(Democratic) WEIRD한 국가에서 우울증에 걸릴 확률이 더욱 높다. 한 가설에 따르면 타인이 느끼는 행복과 자신이 느끼는 우울 간의 극명한 차이 때문에 행복한 국가에 사는 것이 힘들 수 있다고 한다. 바로 암흑 대비 역설(dark contrast paradox)이다.

게다가 네덜란드 같은 개신교 국가에 사는 사람은 천주교 국가에 사는 사람보다 우울할 확률이 높다. 다만 이는 우울증에 이미 취약할 경우에만 해당한다. 한 이론에 따르면 개신교의 개인주의적 성향은 태어나기 전에 운명이 결정된다는 믿음과 더해져 우울한 사람들을 더욱 우울하게 만든다고 한다.

그렇기는 하지만 네덜란드에서는 튼튼한 사회보장제가 개인주의 사회에서 발생하는 여러 문제를 만회한다. 이러한 제도가 뒷받침되는 사회에서 사람들은 자기 결정권을 지니며 자신의 성향과 가치, 신조에 맞는 삶을 꾸려나갈 기회를 누릴 수 있다. 국가 전체로 볼 때 아주 바람직한 방향이다.

온전한 휴식을 위한 질문

- 네덜란드인의 일상 중 어느 것을 내 삶에 적용해볼 수 있을까?
- 닉센을 하기에 완벽한 나만의 장소는 어디일까?
- 닉센의 나라 네덜란드를 생각하면 어떤 느낌이 드는가?

INSIGHT 5

6차원 문화 비교 모형

1960년대와 1970년대 초, 네덜란드 연구자 헤이르트 호프스테더는 전 세계 IBM 연구소와 협력해 각기 다른 국가에서 근로자들이 중요하게 생각하는 가치를 살펴보았다. 그의 연구 결과는 6차원 문화 비교 모형으로 정립되었다. 이제부터 각 차원을 살펴보며 네덜란드인이 어떤 가치에 중점을 두는지 알아보자.

권력 간격

호프스테더 인사이트는 권력 간격을 조직에서 권력이 적은 사람이 권력이 불공평하게 배분되는 상황을 받아들이는 정도로 규정한다. 네덜란드인은 이 항목에서 매우 낮은 점수(100점 만점 기준으로 38점)를 받았으며 독립성과 동등한 권한, 분권화한 권력, 직접적인 대화 등을 중시했다.

개인주의-집단주의

이는 사회가 허락하는 구성원의 상호의존성 정도로 규정된다. 이 항목에서 80점을 받은 네덜란드는 세상에서 가장 개인주의적인 국가로 손꼽힌다. 가족 구성원은 서로를 보살피도록 기대되며, 채용과 승진은 인맥이 아닌 능력을 바탕으로 이루어진다.

남성성-여성성

이 항목은 성 역할이 아니라 사회가 경쟁, 승리, 성공과 같은 전통적으로 남성적이라고 여기는 특징을 중시하는지 아니면 협력, 보살핌, 삶의 질과 같은 전통적으로 여성적이라고 여기는 특징을 중시하는지를 규정한다. '최고가 되기를 바라는지(남성적인), 자신이 하는 일을 좋아하는지(여성적인) 등 무엇이 사람들을 동기부여하는지'가 기본적인 특징이다.

네덜란드는 100점 중 14점을 받아 여성성이 강한 국가로 나타났다. 합의, 지지, 워라밸, 연대 같은 가치가 성공이나 경쟁 같은 가치보다 높이 평가받았다. (성 고정관념을 고착화하는 표현이지만 6차원 문화 비교 모형 설명을 위해 '여성적', '남성적'이라는 표현을 썼다.)

불확실성 회피 지수

이 항목은 '문화 구성원이 애매모호하거나 불확실한 상황을 피하기 위해 믿음이나 제도를 만들어내는 정도'를 일컫는다.

네덜란드는 이 항목에서 53점으로 불확실성을 피하는 쪽으로 약간 기울어 있다. 네덜란드인이 엄격한 믿음이나 행동 규정을 지니고 있다는 의미일 수도 있다. 그들은 바빠야 한다고, 시간을 낭비해서는 안 된다고 생각할지도 모른다. 불확실성 회피 지수가 낮은 국가는 정반대 성향을 보인다.

장기 지향성-단기 지향성

이 항목은 따로 설명이 필요 없을 듯하지만 굳이 규정하자면 각 사회가 현재와 미래의 문제를 해결하는 동시에 과거와의 연결 고리를 유지하는 방법 정도로 정의할 수 있겠다.

네덜란드인은 100점 기준 67점으로 상당히 실용적인 국민으로 나타났다. 네덜란드인들은 미래를 준비해 검소하고 꼭 필요한 곳에만 돈을 쓰며 적응력이 뛰어난 편이다.

탐닉성

이 항목은 특정한 문화가 자신들의 욕망과 충동을 통제하는 것을 얼마나 중요하게 생각하는지를 보여준다. 문화는 보통 탐닉적이거나 절제된 성향을 보인다.

검소하고 실용적인 네덜란드인 사이에서는 절제된 문화가 보편적일 거라 짐작하겠지만 그들은 이 항목에서 높은 점수를 받았다. 카니발이나 킹스데이, 중요한 축구 경기가 벌어지는 기간에 네덜란드를 방문해보면 네덜란드인들의 탐닉성을 확인할 수 있다.

감정을 억누르는 대신 기꺼이 말하는 삶의 태도는

우리에게 행복을 가져다준다.

CHAPTER 6

생각 끄기가 어려운 사람들을 위한 팁

다시 소파에 앉아서 생각한다. 닉센은 바람직한 일이다. 나는 닉센을 하는 시간을 좋아한다. 하지만 모두가 닉센을 즐길 수 있을까? 그렇지는 않다. 닉센을 즐기는 것이 좋지 않은 상황도 있다. 그렇다면 닉센을 즐기는 것이 괜찮은 상황과 그렇지 않은 상황을 어떻게 구별할 수 있을까?

다시 한번 세 가지 시나리오를 살펴보자.

1) 나는 소파에 앉아 있다. 베개에 얼굴을 털썩 파묻은 채 아무것도 할 생각이 없다. 운동을 한 것도, 일을 한 것도 아니다. 아이들과 제대로 놀아준 것도 아니다. 빨랫감은 산더미처럼 쌓여 있고

저녁 준비도 해야 하며 초콜릿은 이미 너무 많이 먹었다. 남편을 제외하고는 성인과 대화를 나눈 게 언제인지 가물가물하다. 더는 아무것도 즐겁지 않으며 우울한 것도 같다. 늘 그렇듯이 피곤하지만 지금 상태는 에너지를 충전하는 달콤한 닉센의 시간과는 거리가 멀다.

2) 나는 다시 소파에 앉아 있다. 행복하며 일할 준비가 되어 있다. 무슨 일이든 할 수 있을 것만 같다! 열정적으로 일을 하고 있으며 30분 뒤에 친구들을 만날 예정이다. 지금보다 닉센을 더 많이 해서는 안 될 것 같다. 또다시 바쁜 상태에 갇혀버린 걸까? 그렇다. 어떤 날은 친구들을 만나고 주어진 일을 하며 닉센을 할 시간도 있다. 다음 날이면 이 모든 일을 하면서 동시에 아픈 아이를 돌보고 장을 보며 더 많은 일을 한다! 모든 것을 다 처리할 수는 없기에 결국 일을 하나씩 포기하고 만다. 어쨌든 지금 나는 기분이 너무 좋다. 이 정도의 바쁨이 나에게는 딱 맞다. 하지만 내일은 또 어떤 기분이 들까?

3) 나는 다시 소파에 앉아 있다. 처리해야 할 일이 산더미다. 빨래는 늘 잔뜩 쌓여 있고 집 청소도 해야 하며 아이들을 돌보고 저녁도 준비해야 한다. 잠시만 누가 이 일을 처리해줬으면 좋겠다. 나는 소파에 앉아 하루 종일 아무것도 하지 않아도 되도록 말

이다. 다른 누군가 이 모든 것을 대신 해줄 수 있다면, 그건 꿈에 불과할까? 아무런 의무도, 아무런 할 일도 없는 상태 말이다. 누군가 쓱 하고 나타나서 내 일을 다 해줬으면 좋겠다.

어떤 시나리오에서 닉센이 가장 훌륭한 해결책이 될 수 있을까? 답은, 셋 중 아무것도 아니다.

닉센이 모두에게 효과적이지는 않다

• • • • •

이번 장에서 말할 내용을 이야기하자 남편이 말했다. "잠깐만, 나는 당신 책이 닉센을 긍정하는 줄 알았는데?"

"닉센을 긍정하는 건 맞아. 다만 조건이 붙는 거지." 닉센은 여러분에게 맞지 않을 수도 있다. 여러분이 얼마나 열심히 노력하는지와 관계없이 말이다. 과거에 효과가 있었거나 미래에 효과적일 수 있지만 도움이 되지 않는 순간이 올 수도 있다.

"늘 바쁜 상태를 좋아하는 사람이 있습니다. 그들에게는 긴장을 풀고 느긋하게 쉬는 일이 쉽지 않죠. 그들은 재빨리 퍼즐을 맞추거나 뜨개질을 하는 것처럼 늘 무슨 활동을 합니다. 〈왕좌의 게임〉을 보기도 하고요. 다른 이들은 이런 활동을 빈둥거리는 것으로 보지만 이들은 일종의 프로젝트로 봅니다." 그레첸 루빈은 말한다.

널리고 널린 자기계발서나 기사에서는 행복으로 향하는 길은 오직 한 가지이며 자신들의 방법이 옳다고 주장한다. 얼토당토않은 얘기다.

"창의성이 풍부해지는 최고의 방법은 없습니다. 행복해지기 위한 최고의 방법은 없죠. 각자 자신에게 맞는 삶을 찾아야 합니다. 여러분이 관계를 중요하게 생각한다고 칩시다. 자신에게 맞는 관계를 어떻게 구축할 수 있을까요? 아마 저마다 상당히 다른 모습일 겁니다." 그레첸 루빈은 이렇게 설명한다.

문화 · 정치 · 경제 상황은 우리가 자녀를 기르는 방식에 영향을 준다. 『기울어진 교육』에서 마티아스 도프케(Matthias Doepke)와 파브리지오 질리보티(Fabrizio Zilibotti)는 부모의 선택이 그들이 처한 경제 상황이나 문화에 따라 바뀐다고 주장한다. 이런 상황은 우리의 양육 방식에 영향을 미칠 뿐만 아니라 우리가 휴식을 취하고 행복을 표현하며 시간을 보내는 방식에도 영향을 미친다.

그 어떤 훌륭한 자기계발 트렌드도 우리의 삶에 맞지 않을 때가 있다. 어떤 트렌드는 그 트렌드가 탄생한 문화에 깊이 뿌리박혀 있기 때문이다.

우리가 속한 문화에서 받쳐주지 못한다면 닉센은 생각만큼 효과적이지 않을 수 있다. 문화의 정의는 다양하나 내가 가장 좋아하는 정의는 '우리가 이곳에서 하는 방식'이다. 조금 더 자세히 말하면 문화는 한 무리의 사람들이 깊이 생각하지 않고도 받아들이는 혹은 의사소통이나 모방을 통해 한 세대에서 다른 세대로 전하는 삶(혹은 행동이나 믿음, 가치, 상징)의 방식이다.

노르웨이에서 공부한 심리학 연구자 카리 레이보위츠는 우리는 넓은 관점을 갖기보다는 개인 차원의 문화에 지나치게 집중한다고 생각한다.

하지만 자기계발 마인드나 철학은 개인 차원이 아니라 광범위한 차원에서 변화를 시도할 수 있다. 이리나 두미트레스쿠에 따르면 사회복지 시스템이 잘 구축된 국가들의 사례는 미국에 바람직한 복지 사회의 모습을 보여줄 수 있으며 리더 자리에 있는 사람들이 스스로에게 "이곳의 문화를 바꾸는 데 기여할 방법이 있을까? 직원들에게 도움이 되도록 새로운 가치를 제시할 수 있을까?" 같은 질문을 던지도록 영감을 불어넣을 수 있다.

이 책에서 인용한 수많은 전문가처럼 두미트레스쿠는 삶의 태도에 관련한 수많은 조언이 개인과 그들이 내리는 선택에 집중되어 있다는 점이 큰 문제라고 생각한다. 그녀는 이를 실수라고까지 말한다. "틀을 마련하지 않은 상태에서 삶을 바꿀 수는 없습니다. 독일에서는 아플 때 출근을 하면 동료들이 호되게 꾸짖죠. 독일인은 필요할 때 병가를 냅니다." 그녀는 이렇게 말한다. 아플 때조차 출근하는 것이 바람직하다고 여겨지는 문화도 있다. 미국에서는 아픈 직원들에게 유럽에서만큼 관대하지 않다.

레이보위츠는 그렇기 때문에 다른 문화의 트렌드를 조금은 취할 수 있겠지만 이를 완벽하게 적용하기란 불가능하다고 말한다. 그녀는 다른 문화에서 배울 수는 있겠지만 100퍼센트 그 문화를 따를 수는 없다는 사실을 안다. 어떤 개념은 특정한 환경에 뿌리내리고 있기 때문이다. "가령 노숙 문제가 없고 길거리에서 얼어 죽는 사람이 없는 나라여야 겨울이라는 계절을 진정으로 즐길 수 있습니다." 그녀는 북부 노르웨이에서 겪은 자신의 경험을 언급하며 이렇게 말한다.

문화마다 적절한 행동에 대한 의견이 다르다. 미국인은 자극이 큰 긍정적인 감정을 네덜란드 같은 유럽 국가보다 가치 있게 여긴다. "미국인은 흥분과 기쁨, 기분 좋은 상태를 좋아합니다. 그들은 아주 낙관적인 방식으로 이 기분 좋음을 느끼기를 바라죠." 그녀는 이렇게 설명한다. 이 문화에 닉센이나 휘게를 도입하기란 여의치 않을 것이다. "방방 뛰어다니면서 흥분을 느껴야 기분이 좋다고 생각하는 나라에 유럽의 안락한 감정을 옮겨 심는 일이 가능할까요? 특정한 개념이 번성하려면 광범위한 문화적 인식이 전제되어야 합니다." 레이보위츠는 이렇게 말한다. 개인적인 차원에서는 비교적 빠른 변화를 기대할 수 있다. 문화 전체보다는 자신의 행동을 바꾸는 편이 쉽다. 다른 문화에서 온 트렌드가 인기 있는 이유가 다소 음흉할 때도 있다. 레이보위츠의 주장에 따르면 단체나 사람, 권력은 늘 변화를 바라지는 않기 때문에 다른 국가에서 해결책을 찾아 개인의 변화에 책임을 부여한다.

"이국적인 문화 개념이 반창고처럼 사용되는 것이 문제입니다. 훌륭한 기반 시설이나 지원 커뮤니티를 대신해서 말이죠." 레이보위츠의 말처럼, 새로운 트렌드가 기반 시설이나 지원 커뮤니티의 대체재가 되어서는 안 된다. 이런 트렌드 또한 유용하지만 이를 채택하는 문화의 배경 내에서 다뤄져야 한다.

그녀는 미국 사람들은 과도한 업무 일정 때문에 그러한 트렌드를 따르지 못할 때 죄책감을 느낀다고 말한다. 미국에서는 "겨울에 더 많이 잘 거라고, 조금 늦게 출근할 거라고 말할 수 없습니다." 문화적으로 그런 태도가 허용되지 않는다.

그레첸 루빈은 모든 환경에서 모든 트렌드를 적용할 수는 없다는 데 동의한다. 하지만 그녀는 이렇게 말한다. “다양한 방법이 있다는 사실은 큰 도움이 됩니다. 무언가 효과적이지 않을 경우 나에게 문제가 있다고 생각하기보다는 다른 방법을 시도해볼 수 있으니까요. 수많은 가능성이 있어요.” 그레첸은 행복이나 훌륭한 삶으로 향하는 길이 단 한 가지밖에 없는 것은 아니라고 말한다. 나 또한 마찬가지다.

생각 끄기 연습을 하지 말아야 하는 경우

닉센은 우리가 속한 문화에 영향을 받을 뿐만 아니라 개인의 성향에도 영향을 받는다. 닉센은 모두에게 같은 방식으로 작용하지도 않는다. 예를 들어 루빈은 미루는 행위를 예방하고자 닉센을 사용한다. 이런 목적으로 닉센을 하는 사람이 비단 그녀뿐만은 아닐 것이다.

“자신이 몰두할 수 있는 내면의 삶이 풍부한 사람이라면 그럴 필요가 없을 것입니다. 그런 사람들은 몇 시간이고 자신만의 생각에 푹 빠질 수 있을 테니까요.” 그녀는 이렇게 설명한다. 그녀의 말을 들으면서 나는 내가 그런 사람이라는 것을 인정하지 않을 수 없었다.

루빈은 닉센이 특정한 성향을 지닌 특정한 사람을 위한 도구이며 효과가 없다면 다른 해결책을 찾아야 한다고 강조한다.

닉센은 꾸준히 사용하거나 필요할 때 언제든 사용하는 도구가 될 수도 있지만 필요로 하지 않거나 맞지 않아서 완전히 버리는 도구가 될 수도 있다. 닉센을 할지 여부는 전적으로 나 자신에게 달려 있다.

생산성 전문가조차도 닉센을 하는 데 애를 먹는다. "저는 집중하기가 어렵습니다. 휴식을 취한다는 죄책감에 시달리죠. 죄책감을 느끼지 않는 척하는 사람은 거짓말을 하는 것입니다. 생산성 전문가가 늘 생산적인 척하는 것만큼 힘든 일도 없죠. 행복 전문가가 늘 행복한 척하는 것만큼 힘든 일도 없습니다." 생산성 전문가인 크리스 베일리는 이렇게 말한다. 고백하건대 닉센 전문가인 나도 닉센을 하는 일이 쉽지는 않다.

이렇듯 닉센이 모두에게 효과가 있는 것은 아니다. 내 연구 결과 특정 환경에서는 닉센이 좋지 않다는 사실이 밝혀지기도 했다. 여러분이 다음과 같은 상황에 처해 있다면 다른 방법을 생각해보기 바란다.

우울할 때

우울증에 시달리는 이들은 침대에서 나올 힘조차 없다. 크리스티 윌슨(Christy Willson)은 딸이 사망한 이후 우울증에 빠졌다. "모두가 저에게 뭐라도 하라고 말했습니다. 저는 침대에 누워 잠만 자고 싶었죠." 하지만 그녀는 남편과 함께 미국을 떠나 여동생이 살고 있는 유럽으로 향했다. "집을 떠나 억지웃음이라도 짓고 있으니 나쁘지 않았지만 우리 둘 다 슬퍼하고 있었고 속은 썩어 들어갔죠."

하지만 우울증에 시달리는 동안 그녀는 가만히 앉아 있지 않았다. 자리에서 일어나 무언가를 하면서 비로소 정체성을 찾아 계속 살아야 할 목적과 동기를 얻었다고 말했다. 그녀에게는 닉센이 별로 도움되지 않았을 것이다.

크리스티에게는 이제 세 명의 아이가 있으며 종종 닉센을 즐긴다. 하지만 그녀는 이렇게 말한다. "우울증에 빠지지 않으려면 계속해서 바쁜 상태를 유지해야 합니다. 우울증이 저를 덮쳐 구멍으로 들어가고 싶을 때면 나를 힘들게 하는 일이 무엇인지 스스로에게 물어야 해요. 그다음에는 자리에서 일어나 움직이고 운동을 하고 봉사 활동을 하고 친구들과 시간을 보냅니다. 얼굴에 억지웃음을 짓고 있을지라도 현재에 충실하기 위해 노력하죠."

스트레스 센터에서 일하는 카롤린 하밍은 스트레스와 번아웃을 경험하는 이들을 돕는다. 하지만 그녀가 늘 아무것도 하지 않는 법을 가르치는 것은 아니다. 그녀는 신체 건강에 도움이 되는 느린 동작과 호흡 운동에 초점을 맞춘다. 건강하고 차분한 신체는 고요한 정신 상태를 유지하는 데 도움이 되기도 한다.

"닉센은 번아웃 상태인 사람들에게는 큰 도움이 되지 않을 수 있습니다. 심장 박동 수가 지나치게 빠를 때면 조바심이 나거든요. 이럴 때는 신체를 재정비해야 합니다." 하밍은 이렇게 말한다. 그녀는 닉센을 번아웃을 해결하는 방법이라기보다는 예방하는 방법으로 본다. "닉센은 건강하지만 바쁜 삶을 사는 사람들을 위한 방법입니다. 닉센을 하면서 사람들은 늘 활동적일 필요는 없다는 사실을 깨닫기 때문이죠. 하지만 균형이 심하게 손상된 상태에서는 닉센이 도움이 되지 않습니다."

집중할 중요한 일이 있을 때

계속해서 감시를 받는 직장에서 일하는 경우, 직장에서 아무것도 하지 않으면 심각한 결과를 초래할 수 있다. 징계를 받거나 심지어 해고될 수도 있다. 집세를 내고 생활비를 벌어야 한다면 이런 위험을 감수해서는 안 된다. 직장에서 닉센을 함으로써 심각한 결과를 맞이할 수 있다면 아무것도 하지 않는 일은 잠시 미뤄야 한다.

닉센의 장점을 잘 알고 있어 이를 자신의 삶에 끼워 넣고 싶지만 그럴 수 없는 상황일지도 모른다. 그런 경우라도 걱정하지 마라. 지금 당장 닉센을 하지 못하더라도 괜찮다. 닉센을 할 수 없는 상황도 있기 마련이며 이 사실을 인정하는 것이 중요하다.

일과 관련한 중요한 프로젝트 때문에 바쁘다면, 다른 사람들이 우리에게 의존하고 있다면, 우선 그 일에 집중하라. 번아웃을 예방하기 위해 닉센을 할 시간을 갖는다면 좋겠지만 때로는 일부터 처리하는 것이 더 중요하다. 일을 마친 뒤에 얼마든지 닉센을 할 수 있다는 사실을 인정한 상태에서 먼저 하던 일부터 마치자.

일이 바빠지거나 스트레스가 쌓이거나 아이들이 아픈 순간은 늘 찾아온다. 우리가 우선순위에 놓는 일은 수시로 바뀌기 마련이다. 삶이란 그런 것이다. 닉센을 할 시간이 1초도 없는 순간도 찾아올 것이다. 그래도 괜찮다. 우리는 나중에 언제든 닉센을 할 수 있다.

삶에 아무런 문제가 없을 때

애매한 증상이 보일 때 의사가 확실히 진단해주기를 바라며 병원에 갔는데 아무런 문제가 없다는 얘기를 들은 적이 있는가? 물론 우리에게 심각한 질병이 있다는 사실을 알리는 중요한 경고 신호를 의사가 놓칠 때도 있다. 하지만 보통은 우리에게 정말로 아무런 문제가 없는 경우가 많다.

나는 때때로 아이를 기르거나 삶을 꾸리는 더 나은 방법을 찾기를 바라며 자기계발서나 육아서를 읽는다. 하지만 그러한 책을 읽고 나면 변화는 필요하지 않으며 나의 양육기술이나 삶도 나름 나쁘지 않다는 사실을 깨닫는다. 내 양육법이나 삶은 완벽하지는 않지만 충분히 훌륭하다.

여러분도 닉센과 관련해 그러한 느낌을 받을지도 모르겠다. 이는 우리가 자신의 삶을 있는 그대로 좋아하며 변화를 바라지 않는다는 뜻이기 때문이다. 여러분이 그러한 상태라면 진심으로 축하하고 싶다. 여러분은 행복하고 충만한 삶, 스트레스와 문제가 없는 삶을 사는 법을 찾았다. 여러분의 일이 스트레스를 많이 안겨준다고 할지라도, 때때로 지치고 바쁜 일상에 짓눌릴지라도, 여러분은 스트레스를 풀 다른 방법을 찾았으리라 확신한다.

바쁘고 스트레스를 받는 경험은 개인적이다. 꽤나 한가

해 보이는 삶이 누군가에게는 지루해 보일지도 모르며 아주 신나고 흥분되는 삶이 누군가에게는 끔찍하고 압도적으로 느껴지기도 한다. 스트레스를 받지만 이를 해소할 수 있다면, 그리하여 만족스럽고 행복하다면 굳이 닉센을 해야 할 필요가 없을지도 모른다. 뤼트 페인호번의 말을 빌리자면 "병이 없다면 약도 필요 없는" 것이다.

생각 끄기 대신 할 수 있는 일

• • • • •

둘째 딸의 크리스마스 선물을 사기 위해 가게에 들어갔을 때였다. 아이는 지갑을 원했다. 하지만 가게에서 파는 지갑은 너무 크거나 비싼 데다 안 예뻤다. 딸아이에게 그러한 지갑을 사주고 싶지는 않았다. 직원에게 문제를 말했더니 직원은 매장을 둘러본 뒤 "음, 저희가 가지고 있는 물건은 이게 전부입니다"라고 말했다. 내가 계속 마음에 드는 물건을 찾지 못하자 그는 다른 물건들로 나를 설득하는 대신 이렇게 말했다. "다른 가게에 가보시면 어떨까요?"

나는 깜짝 놀랐지만 생각해보니 그의 태도는 합리적이었다. 그는 자신의 가게에 나를 만족시킬 만한 물건이 없다는 것을 간파한 뒤 필요한 물건을 찾을 수 있도록 나에게 다른 가게를 소개해준 것이었다. 그는 내 요청에 아이들의 지갑을 팔 만한 가게 몇 군데의 이름을 적어주기까지 했다. 나는 그가 적어준 가게 가운데 한 곳에서 마침내 아이가 마음에 들어 하는 무지개색 지갑을 샀다. 여러분도 할 수 있다. 닉센이 나에게 맞지 않는다고 생각한다면 다른 방법을 시도해본 뒤 도움이 되는지 살펴보자.

움직인다

하루 종일 소파에 앉아 있는 데 익숙한 사람이라면 닉센이 큰 도움이 되지 않을 것이다. 아침부터 저녁까지 책상 앞에만 앉아 있는 사람이라면 집에 오자마자 편한 실내복으로 갈아입고 앉아 있기보다는 운동복으로 갈아입고 헬스장에 가거나 조깅을 하러 가자. 아니면 자리에서 일어나 세탁기를 돌릴 수도 있다.

가만히 앉아 있는 것은 건강에 매우 나쁘다. 너무 많이 하면 안 된다. 가벼운 움직임은 스트레스를 없애고 머리를 맑게 하며 걱정을 떨쳐버리는 데 도움이 된다. 자신에게 맞는 운동을 찾기 바란다.

달리기 코치인 팜 무어는 이렇게 고백했다. "어렸을 때 저는 운동과는 거리가 멀었어요. 공으로 하는 운동이라면 뭐든 무서워했기 때문에 팀에서 늘 가장 늦게 선택되는 아이였죠. 체육 시간이 다가오는 게 두려웠답니다." 하지만 라크로스를 발견한 순간 그녀는 자신이 달리기를 정말로 좋아한다는 사실을 알게 되었다.

우리는 굳이 운동을 하지 않고도 움직일 수 있다. 의자에서 일어나 밖으로 나가면 된다. 친구를 만나고 일과 관련한 행사에 참석하거나 극장에 가서 새로운 연극을 보면 된다.

집에서 혼자 가만히 앉아 있기만 한다면, 특히 외향적인 사람이라면 소외감을 느낄 수 있다. 사회적 교류는 우리의 정신 건강과 신체 건강에 도움이 된다.

신체 운동과 밖에 나가는 것은 닉센과 닮았다. 네덜란드인은 균형 잡힌 생활을 한다는 사실을 잊지 마라. 그들은 바쁜 하루 가운데 온갖 종류의 활동을 끼워 넣는다. 게다가 활동적으로 생활하고 다른 이들과 교류하다 보면 집으로 돌아와 보내는 느긋한 시간, 아무것도 하지 않은 상태로 보내는 조용한 시간이 더없이 소중하게 느껴진다. 온갖 운동과 사회성은 우리의 닉센 시간을 늘려주는 셈이다.

일한다

일은 우리가 스트레스를 받는 주요한 원인일지 모르지만 우리는 일을 하면서 만족스럽고 행복하며 유용하다는 기분을 느낀다. 일은 우리에게 좋아하는 일을 할 수 있는 수단(돈)을 준다. 돈이 우리를 행복하게 만드는 것은 아니지만 돈으로 우리는 많은 일을 할 수 있다. "돈이 있다면 경험하는 데 사용하기 바랍니다." 뤼트 페인호번은 이렇게 말한다. 많은 사람이 오랜 시간 일을 한다. 그래야 하기 때문이 아니라 자신이 원해서다.

프리랜서 작가로 일하면서 받는 스트레스에도 불구하고 나는 내 일을 좋아하며 잘한다고 생각한다. 좋아하지도 않으면서 굳이 연구하고 홍보하고 이야기를 쓰는 데 시간을 쓰겠는가? 이상적으로 말하면 우리는 다른 할 일이 없기 때문에 지금 하고 있는 일을 한다. 단순한 논리다.

"다른 이들을 돕거나 다른 이들에게 영감을 주는 일을 하는 사람들이 더 행복합니다." 행복을 연구하는 압 데이크스테르하위스는 이렇게 말한다.

육아는 아주 힘겨운 일이다. 아이들의 요구를 들어주는 일은 시간이 걸리고 힘든 일이지만 거의 모든 부모가 이 일이 믿기 힘들 만큼 보람찬 일이라는 데 동의한다. 따라서 아이들과 시간을 보내고 싶거나 보내야 하거든 그렇게 하라. 아이들이 여러분을 원한다면 닉센을 하며 빈둥대지 말기 바란다.

요리처럼 여러분이 기꺼이 하고 싶은 집안일이 있을 수도 있다. 나는 맛있는 요리를 준비하기 위해 몇 시간이고 부엌에서 분주하게 움직이기를 꺼리지 않는다. 여러분도 그렇다면 내가 닉센을 하라고 했다고 해서 좋아하는 일을 멈출 필요는 없다.

정치에 참여한다

기후변화와 정치적 격변이 끊이지 않는 오늘날은 정치와 환경 문제에 적극적으로 참여하기 좋은 때다. 닉센은 우리에게 필요한 휴식을 주지만, 지금은 더 많은 일을 할 때라는 데 많은 사람이 동의할 것이다.

"지역사회에 변화를 가져오기 위한 가장 효과적인 방법은 변화에 기여하기 위해 소매를 걷어붙이고 우리의 시간과 재능을 쓰는 것입니다." 루이지애나 배턴루지에 사는 작가 하모니 홉스(Harmony Hobbs)와 오드리 헤이워스(Audrey Hayworth)는 이렇게 말한다.

더 많은 여성이 정치에 참여해야 한다고 생각하는 그들은 여성 후보자를 홍보하는 데 자신들의 소셜 미디어 관리 기술을 기꺼이 활용한다.

자신이 중요하게 생각하는 명분을 찾아 행동에 나서라. 자선단체에 가입하고 기후변화 반대 시위에 참여하며 자신의 집을 친환경적인 주거 공간으로 바꾸기 위해 힘쓰라. 나는 이민자, 여성, 소수자 차별을 비롯한 기타 사회 문제에 관해 글을 쓴다. 수익성 있는 프로젝트에 비해 돈이 되지는 않지만 내가 관심이 가는 주제가 있으면 개의치 않는다. 큰돈을 안겨주지는 못하지만 이런 일은 중요성은 말할 것도 없고 만족감이 아주 높다.

"누구든 자기 삶에 맞는 봉사 활동을 찾을 수 있습니다. 우리 모두에게는 변화에 기여할 수 있는 재능이 있기 마련입니다." 헤이워스와 홉스는 이렇게 말한다. "사람들과 어울리기 좋아하는 사람이라면 직접 유세에 나설 수 있습니다. 그렇지 않은 사람이라면 봉투를 채우고 엽서에 주소를 적을 수 있죠. 캠페인에는 정치와 관계없는 인재도 필요합니다."

도움의 손길을 내민다

장 본 것을 계산하려고 줄을 서 있을 때 내가 늘 닉센을 하는 것은 아니다. 그럴 때면 나는 줄을 한번 바라보며 도움이 필요한 사람이 없나 살핀다. 카트에서 물건을 꺼내야 하는데 허리를 굽히기가 힘들어 보이는 할머니가 눈에 띄면 곧바로 가서 도와준다.

어린아이를 데리고 온 엄마가 거의 폭발하기 직전처럼 보인다면 아이 엄마를 내 앞에 세워준다. 나는 아이들이 다 커서 학교에 있기 때문에 시간이 많다. 사람들은 도움을 요청하지 않을지도 모르지만 도움을 받으면 감사히 받아들인다. 따라서 우리는 도와줄 사람이 없는지 늘 눈을 크게 뜨고 살펴야 한다.

시간이 된다면 자선 봉사 단체에서 봉사 활동을 하는 것을 고려해보자. '내가 할 수 있는 일'을 생각해본 뒤 닉센은 나중에 하면 된다. 연구 결과에 따르면 다른 이를 도울 때 우리는 더욱 행복해진다고 한다. 우리 뇌에 있는 쾌락 중추가 활성화하기 때문이다.

사회적이고 이타적으로 행동할 때 우리는 행복해진다. 우리는 다른 이들과 연결되도록 설계되었기 때문이다. 다른 이를 돕고 그들과 연결되는 봉사 활동은 이런 원칙에 부합한다. 우리가 베푼 선의는 우리를 행복하게 만듦으로써 결국 우리에게 되돌아온다.

봉사 활동을 하는 이들은 하지 않는 이들보다 우울증에 걸릴 확률이 낮으며 삶의 만족도 또한 높다는 연구 결과가 있다. 그렇다. 닉센은 우리를 행복하게 만들지만 봉사 활동도 같은 효과를 가져온다.

타인에게 도움을 주는 또 다른 방법은 다른 이를 위한 공간을 마련하는 것이다. 그러기 위해 우리는 때때로 가만히 앉아서 아무것도 하지 않아야 한다. 앉아 있는 동안에는 다른 이들의 말에 귀 기울이고 지금 이 순간에 머물면 된다. 생각보다 쉽지 않은 일이다. 무언가를 말하고 싶거나 상대의 문제를 해결해줄 조언을 건네고 싶어서 입이 근질거리기 때문이다. 그렇다 하더라도 이 순간만큼은 그저 가만히 앉아서 상대의 말에 귀 기울이기 바란다. 내 남편은 이를 적극적인 닉센이라 부른다.

일의 종류를 바꾼다

어린 시절 같은 반 친구 하나는 피아노 교습, 승마, 펜싱 등 매일 방과 후 활동을 했다. 친구를 걱정했더니 친구는 이렇게 말했다. "내 성적은 그 어느 때보다도 높았어."

나 또한 같은 기분이었다. 나는 승마 교습을 받고 사교댄스 수업을 듣고 집에서 매일 요가를 했지만 너무 무리한다는 생각은 조금도 들지 않았다. 학교생활에는 아무런 지장이 없었다.

칼 뉴포트(Cal Newport)는 『디지털 미니멀리즘』에서 "아무것도 하지 않는 일은 과대평가되었다"라고 말한다. 그는 우리에게는 화면에서 멀어지는 시간이 필요하며, 이때는 손으로 하는 일을 하라고 제안한다.

이는 자신이 조금 전에 했던 일과는 다른 성격의 일을 하라는 토니 크랩의 조언과도 비슷하다. 계속해서 자리에 가만히 앉아 있었다면, 이제는 자리에서 일어나 움직이는 것이다. 머리를 쓰는 일을 했다면, 이제는 손으로 무언가를 만드는 것이다. 빠른 속도로 일을 했다면, 이제 천천히 일을 하는 것이다.

물리학자인 아버지는 독학으로 요리를 배우셨다. "나는 몇 시간이고 안락의자에 앉아 공식을 쓰곤 했지. 실수 하나를 하면 몇 시간의 작업이 물거품이 되었단다." 아버지는 나에게 이렇게 말했다. 요리는 다르다. 아버지가 요리를 좋아하는 이유다. 붓으로 그림을 그리는 데 소질이 없거나 도자기를 만드는 데도 흥미가 없다면 요리는 어떨까?

취미는 바쁜 일상에 약간의 다른 체계를 부여하는 괜찮은 방법이다. 몰입감을 선사하는 취미를 통해 우리는 한두 가지 기술을 배울 수도 있다.

나를 즐겁게 만든다

우리는 소셜 미디어에서 너무 많은 시간을 보낸다. 우리가 스크린에 코를 박고 있도록 특별히 설계되었기 때문이 아니라, 그곳에서 끊임없이 무언가를 얻으려 하기 때문이다. 우리는 인맥을 찾아, 일할 기회를 찾아, 흥미로운 기사나 저녁 메뉴 아이디어를 찾아 페이스북(혹은 트위터, 넷플릭스, 유튜브, 인스타그램)에 접속한다. 물론 소셜 미디어에 접속하는 것은 범죄가 아니다. 그렇게 생각하지는 말자.

홀로 생각에 잠기고 싶지 않을 때도 있다. 그럴 때면 닉센을 하는 대신 영화나 책을 본다. 때로는 상상의 세계로 도피해도 괜찮다. 나는 책을 읽으며 늘 상상의 세계로 도피한다. 남편이 퇴근하고 오면 우리는 함께 텔레비전을 보기도 한다. 넷플릭스를 보는 것과 닉센을 하는 것 사이의 차이만 알고 있으면 된다.

텔레비전 앞에서 시간을 보내는 것은 아무것도 하지 않

는 게 아니다. 그건 텔레비전을 보는 행위다. 그 시간을 즐기자. 그리고 자신이 그렇게 하는 이유를 알기 바란다.

"솔직히 저는 한 달 동안 여행을 한 뒤 집으로 돌아와 버터 치킨 커리를 시켜놓고 소파에 앉아 하루 종일 넷플릭스를 몰아 보는 것을 가장 좋아합니다. 그저 멍하니 보는 건 아닙니다. 몇 편이나 볼 것인가? 무엇을 먹고 싶은가? 등 특정한 의도를 갖고 앉아 있죠. 넷플릭스를 의도적으로 볼 때 죄책감은 사라집니다. 저는 제가 할 일을 선택하고 그대로 지켜요." 크리스 베일리는 이렇게 말한다.

닉센하고 있다고 뇌를 속이는 방법

• • • • •

아무것도 하지 않기를 힘들어하는 사람도 있다. 그들은 몸과 마음이 바쁜 상태를 선호한다. 여러분이 그렇다면 여기 해결책이 있다. 약간의 속임수가 필요하지만 단순하고 유연한 방법이다.

음악을 듣는다

음악을 듣는 일은 삶의 질을 높이는 데 도움이 되며 마음을 차분하게 해준다. 음악은 우리가 자리에서 일어나 일을 시작하는 데 필요한 에너지를 주기도 한다. 음악을 듣는 동안에는 별다른 일을 하지 않으면서도 무언가를 하고 있다고 자신을 속일 수도 있다. 혹은 정반대로 실제로는 음악을 듣고 있으면서 아무것도 하고 있지 않다고 자신을 속일 수 있다. 내가 이 행위를 무해한 속임수라 부르는 이유다.

헝가리계 미국인 심리학자 미하이 칙센트미하이(Mihaly Csikszentmihalyi)는 『몰입』에서 "음악은 그 음악을 듣는 사람의 마음을 정리해줌으로써 심리적 엔트로피를 줄여준다"라고 말한다. 심리적 엔트로피는 처음에는 칼 융(Carl Jung)이, 훗날에는 칙센트미하이가 설명한 정신 상태로 부정적인 사고 패턴을 반복함으로써, 우리에게서 외부 업무나 내면의 성찰을 할 수 있는 역량을 앗아간다. 우리 모두 그러한 느낌을 잘 안다. 기진맥진하고 짓눌린 기분이 들며 걱정 때문에 사고가 마비되고 휴식을 취할 수도 없는 상태 말이다. 칙센트미하이의 주장에 따르면, 음악은 이 상태를 해결하는 완벽한 해결책이라고 한다.

노래를 듣고 따라 부르는 것도 얼마든지 좋다. 하지만 이미 그 노래 가사를 완전히 외웠다면 다른 목소리나 악기 소리에 귀 기울여보면 어떨까?

내 친구가 나에게 제안한 방법을 시도해봐도 좋다. 친구는 "정말로 집중하면 각 악기 소리를 따로따로 들을 수 있어"라고 말한다. 첼로 소리와 바이올린 소리를 구별하고 색소폰 소리와 트럼펫 소리를 구분하며 오보에 소리와 플루트 소리도 구별해보기 바란다. 이렇게 구별해서 들으면 닉센을 하고 있다고 뇌를 속일 수 있다. 우리는 어느새 일상의 걱정에서 벗어난 자신을 마주할지도 모른다.

무언가를 만든다

몇 년 전 성인을 위한 컬러링북이 한창 유행했다. 온갖 분야의 전문가들이 컬러링북이 우리의 정신 건강에 큰 도움이 되며 우리가 단순하지만 보람찬 활동에 집중하게 만드는 한편 잠시 딴생각에 빠질 수도 있게 한다며 컬러링북의 장점을 칭송했다.

우리는 주의를 앗아가는 활동에서 벗어나 머리를 식힐 때 긴장을 풀고 휴식을 취할 수 있다. 수많은 사람이 뜨개질을 즐기는 이유다. 뜨개질바늘을 요리조리 돌리면서 우리는 느긋하게 딴생각에 빠질 수 있다. 그게 바로 닉센 아니겠는가.

요리를 하든, 그림을 그리든, 코바늘 뜨개질을 하든, 스크랩북을 만들든 상관없다. 바쁜 삶에서 잠시 벗어나 뇌를 많이 쓰지 않는 활동을 하는 것이 중요하다. 그러한 활동을 하면서 닉센의 이점을 누리기만 하면 된다. 컬러링이나 뜨개질 같은 사색적인 활동이 가장 좋지만 저마다 자기 자신에게 즐거운 활동을 찾으면 된다.

"인지 부하가 적은 활동은 정신을 쉬게 합니다. 지루하지 않을 정도로만 정신을 사용하면 됩니다. 약간의 주의를 기울이되 지나치게 흥분되지는 않는 활동이 좋습니다. 컬러링이나 뜨개질이 좋은 이유죠." 지루함의 장점을 연구하는 영국 심리학자 산디 만은 이렇게 말한다.

덧붙이자면 손으로 만질 수 있고 경탄할 수 있는 아름다운 무언가를 만드는 과정을 통해 머리를 식힐 때 우리의 자부심도 높아진다.

신나게 논다

나는 마블런에서 구슬이 돌아가는 모습이나 도미노가 무너지는 모습을 몇 시간이고 지켜볼 수 있다. 이 느리고 반복적인 움직임은 놀라울 정도로 커다란 만족감을 준다. 하지만 어른이 아이처럼 노는 모습은 눈살을 찌푸리게 만든다. 사회는 놀기 좋아하는 어른에게 그만 놀라고, 당신은 더 이상 아이가 아니라며 질책한다. 어른이 할 수 있는 유일한 놀이는 경쟁이다.

휴식과 마찬가지로 놀이와 즐거움은 우리의 삶에 아주 중요하다. 놀이는 특정한 목표를 가지고 해서는 안 된다. 우리는 발전하기 위해서 혹은 창의적으로 생각하기 위해서 놀이를 하지는 않는다. 그것은 전략이지 놀이가 아니다. 놀이는 호기심에서 시작해 예상치 못한 곳에서 끝나지만 놀이를 마친 뒤에는 몰입도와 창의력이 증진된 기분이 든다.

심리학자 도전 머기는 내담자에게 키네틱샌드나 스트레스 볼 같은 장난감을 사용하라고 권장한다. 이런 장난감은 손에 무언가를 쥔 채로 몽상에 빠지는 데 효과적이다. 많은 사람이 장난감을 만지거나 움켜쥘 때 차분해지는데 이는 스트레스와 불안감을 완화한다. 레고 역시 그러한 잠재력을 간파해 성인을 겨냥한 시리즈를 제작하기도 했다. 최근에는 게임을 향한 관심이 급증하고 있기도 하다. 비디오 게임뿐만 아니라 보드게임도 인기를 끈다.

장난감이 별로라면 머리로 하는 게임은 해봐도 좋을 것이다. 내가 직접 만드는 게임으로 이렇다 할 규칙은 없다. 나는 아이들이 놀이터에서 노는 것을 지켜보는 것처럼 지루한 일을 해야 할 때 이런 게임을 자주 한다. 머릿속으로 1초, 2초 시간을 세면서 5분까지의 시간을 예상해보는 것인데 내가 생각한 시간이 맞는지 확인할 때만 잠시 핸드폰을 본다. 보통은 5분이 되는 순간을 제대로 예측하지만 너무 빠르거나 느릴 때도 있다. 하지만 시간을 맞히는지 여부는 중요하지 않다. 시간을 때우기 위한 게임일 뿐이지 달성할 목표가 있는 것은 아니기 때문이다.

이 게임을 하면 시간이 빨리 흐르기 때문에 시간을 지루하지 않게 보낼 수 있다. 가끔 딴생각을 하다 보면 좋은 생각이 떠오르기도 한다. 이런 게임은 창의적이고 기민한 상태에 이르는 데 도움이 되는 것이다.

지루한 상태라면 자신이 하고 있는 일을 게임으로 바꿔보자. 아이들이 그러듯이 말이다. 닉센을 하려 한다면 이 시간을 게임으로 바꿔보자. 얼마나 오래 할 수 있는가? 5분? 10분은 어떤가? 스트레스 볼을 손에 쥔 채 가만히 앉아 있을 수 있는가? 좋다. 그렇다면 이번에는 스트레스 볼 없이 앉아 있어보면 어떨까? 기분 좋게 도전해보기 바란다.

산책을 한다

만프러트 케츠 더프리스는 업무 중 휴식 시간에 긴 산책을 즐긴다. 그는 산책이 집중력을 높이는 데 도움이 되며 산책을 하고 나면 마음이 차분해진다고 말한다. 공원은 그가 가장 좋아하는 장소지만 다른 장소도 즐겨 찾는다. 주위 환경은 중요하지 않다. 반복적인 움직임과 발걸음이 만들어내는 리듬을 통해 긴장을 완화하는 행위가 중요하다.

우리도 산책을 할 수 있다. 도시에 있어도 상관없다. 19세기 프랑스 파리는 플라뇌르(flaneur)의 도시였다. '한가롭게 거니는 사람'이라는 뜻의 이 단어는 이렇다 할 목적 없이 파리를 걸으며 사람들을 바라보고 멋진 풍경에 경탄하는 이들을 가리키는 용어다. 그에 관한 노래와 시도 많다.

나는 도시도 좋지만 자연 속을 걷기를 더 좋아한다. 자연이 우리에게 주는 이점이 훨씬 더 많기 때문이다. 기가 막힌 생각들이 떠오르는 건 가족들과 사구나 숲을 산책할 때다.

자전거를 탄다

네덜란드 사람들은 단순히 즐겁거나 건강해진다는 이유

로 자전거를 타지는 않는다. 자전거는 한 장소에서 다른 장소로 빠르고 효율적으로 이동하는 실질적인 운송수단이다. 네덜란드에서 자전거는 미국에서 차만큼이나 중요하다.

하지만 네덜란드인은 언제나 자전거를 타고 다니기 때문에 사이클링을 특별한 노력으로 생각하지 않는다. 그들은 자전거를 타는 일이 너무 익숙해서 페달 위에 다리를 올려놓고 머릿속으로는 다른 생각을 한다.

여러분이 경쟁적으로 자전거를 타거나 사이클링을 일종의 스포츠로 생각한다면 속도를 늦추기 바란다. 얼마나 멀리 갔는지, 얼마나 많은 칼로리를 소비했는지 따위는 생각하지 마라. 그저 움직임에 몸을 맡긴 채 딴생각에 흠뻑 젖어보자.

몸의 신호에 귀 기울인다

도전 머기는 자신의 오감에 집중하거나 머릿속에서 나와 몸으로 들어가는 그라운딩(grounding)이라는 기법을 제안한다. 이 행위는 닉센처럼 보이지만 닉센과는 다르다. 마음챙김을 수행하는 상태에 가까울지도 모른다. "피부에 와 닿는 공기가 어떻죠? 의자에 닿는 내 몸의 무게가 느껴지나요?

어떤 냄새가 나죠? 순간을 억지로 만들지 말고 현재에 온전히 집중하기 바랍니다."

나는 닉센을 하는 대신 스스로에게 가끔 이렇게 묻는다. "지금 이 순간 나는 어떤 기분이 드는가?" 그런 다음에는 답을 찾기 위해 내 몸을 스캔한다. 나는 배가 고픈가? 목이 마른가? 더운가? 추운가? 내 몸 상태를 파악하는 일은 중요하다. 배가 고플 때 자제력을 잃는 일을 막기 때문이다.

'배고프다(hungry)'와 '화나다(angry)'라는 두 단어를 합치면 어떻게 될까? 누군가를 죽이고 싶다가도 피자를 먹고 나면 기분이 한결 나아지는 것, 나는 그걸 행거(hanger)라고 부른다.

자신의 몸에 귀 기울이면 우리는 내부감각을 수용할 수 있다. 우리의 뇌나 정신이 신체가 보내는 신호를 감지하는 과정이다. 내부감각을 수용하는 데 문제가 생기면 우리는 우울해지거나 불안 장애를 경험하게 된다.자리에 앉아 신체가 보내는 신호를 눈치채는 것은 시간을 보내는 훌륭한 방법이다. 닉센이 잘 맞지 않는 사람에게는 이 방법이 더 효과적일지도 모른다.

그레첸 루빈에게 대부분의 자기계발 트렌드가 왜 그렇게 엄격한지 묻자 그녀는 이렇게 답했다.

"우리는 방법은 오직 하나이며 우리가 그 방법을 알아낼 수 있다고 생각합니다. 사람들은 단 한 가지 답만을 원하죠. 사람들은 누군가가 매일 새벽 5시에 일어나고 하루에 30분씩 다리찢기를 하라고 말해주기를 바랍니다. 그런 방법은 효과가 있을지도 모르지만 그렇지 않을 수도 있죠. 사람들은 명료한 청사진을 좋아하지만 실제 삶은 그렇게 딱 맞아떨어지지 않아요."

온전한 휴식을 위한 질문

- 닉센을 하려다 어쩔 수 없이 활동하게 되었는데, 오히려 도움이 된 적이 있었는가?
- 내가 가장 좋아하는 휴식법은 무엇인가?
- 나는 생각 끄기를 쉽게 할 수 있는 사람인가?

INSIGHT 6

몰입을 경험하라

칙센트미하이는 『몰입』에서 자신이 몰입이라 부르는 경험을 소개한다. 몰입은 의미 있는 활동에 참여할 때 일어나는 일이다. 자신이 연주하는 곡에 푹 빠진 음악가나 자신의 작품에 완전히 열중해 시간 가는 줄 모르고 붓을 움직이는 화가를 생각해보라.

몰입 상태에는 몇 가지 요소가 있다. 지금 순간에의 온전한 집중, 행동과 인식의 통합, 상황이나 활동에 대한 개인적 통제감 등으로 몰입 상태에 빠지면 시간에 대한 주관적 감각이 바뀌고 해당 활동에 큰 보람을 느끼게 되는 것이다.

몰입을 가능하게 하는 활동은 확실한 지침이 있고 즉각적인 피드백을 제공하며 당사자에게 기술을 연마하는 가운데 도전 의식도 느끼게 만든다. "이런 활동의 구성 방식 덕분에 하는 사람이나 보는 사람 모두 상당히 즐거운 상태에 도달한다"라고 칙센트미하이는 말한다.

게임, 스포츠, 악기 연주는 몰입 상태를 유도하는 활동이다. 공예나 요리를 비롯한 손으로 하는 일 역시 글쓰기처럼 한층 지적인 활동만큼이나 몰입의 상태를 가져온다. 이런 활동은 지나치게 힘들거나(좌절을 경험할 수 있다) 지나치게 쉬워서는(지루함을 느낄 수 있다) 안 된다.

몰입 친화적인 문화는 의미 있는 업무 기회와 충분한 여가뿐만 아니라 충분한 몰입 경험을 제공한다. 네덜란드는 몰입 친화적인 문화인가? 나는 그렇다고 본다. 칙센트미하이 역시 네덜란드를 긍정적인 사례로 언급한다. 게다가 네덜란드인이 하는 많은 일(스포츠 활동을 하고 자전거를 타고 출근하며 친구들과 헤젤러헤이트를 하는 것)이 몰입을 유도하기에 완벽한 활동이다.

이런 활동들이 닉센보다 더 매력적으로 보이거든 그 일을 하자. 몰입의 가장 큰 장점은 몰입의 경험이 사람들을 행복하게 만든다는 것이다.

에필로그

진정한 쉼을 향하여

마지막으로 나는 소파에 앉아서 닉센이 나의 삶을 어떻게 바꾸었는지를 생각하고 있다. 오래 걸리기는 했지만 나는 마침내 닉센을 즐기게 되었다. 나는 닉센의 온갖 장점을 흡수했으며, 이제 내 삶에는 닉센이 단단하게 자리 잡았다.

내가 소파에 누운 상태로 책을 읽고 차를 마시는 동안 우리 집은 스스로 말끔한 상태를 유지한다. 빨래는 콧노래를 흥얼거리며 알아서 돌아가고 세탁기에서 제 발로 나와 건조대에 몸을 직접 뉘어 말린 뒤 잘 접혀 옷장으로 들어간다.

나는 날마다 행복하고 느긋한 상태로 잠에서 깨며 하루 동안 즐길 온갖 닉센에 대한 기대로 가득하다.

나는 화가 나지 않는다. 절대로 피곤하지도 않다. 닉센을 하는 동안 부정적인 감정을 경험한다면 뭔가 잘못하고 있다는 뜻이다! 아무것도 하지 않는 네덜란드 기술을 완벽하게 연마한 이후로 나는 완전한 경지에 이르렀다. 하던 일을 멈추고 닉센을 한번 해보면 모든 것이 딱 맞아떨어질 것이다.

내 말을 믿을 수 있는가? 아마 그러지 못할 것이다. 내가 또 한 번 처음부터 끝까지 지어낸 이야기이기 때문이다. 실은 나 역시 평소엔 자주 짓눌린 기분에 시달린다. 내 앞에 떨어진 일을 전부 처리하지 못할 것만 같은 기분이다. 유전학 교수인 엄마에게 복제 인간을 좀 만들어달라고 부탁하고 싶을 정도다. 엄마는 질색을 하시지만, 나와 똑같은 복제 인간 몇 명이 나를 도와주면 정말 환상적이지 않을까?

겨우 자유 시간을 확보한다고 하더라도 닉센을 하는 데 쓰는 경우는 별로 없다. 그런 시간이 주어지면 남은 일이 뭐가 있는지를 생각한다. 나는 언제나 엉망진창이었고 지금도 그러하며 앞으로도 별반 다르지 않을 것이다. 그래도 자석 판 덕분에 더 이상 약속을 잊지는 않는다. 그것만으로도 큰 발전이다. 하지만 나는 여전히 늘 혼란스러운 상태로 살아간다. 여전히 인내심이 부족하고 감정을 통제하지 못한다. 네덜란드 부모가 자연스럽게 익히는 일들이 나에게는 어렵기만 하다.

여러분은 '이런 사람이 지금 나에게 닉센을 가르치려고 했단 말이야?' 하고 생각할 것이다. '도대체 이 사람은 무엇을 원하는 거지?'하고 생각할지도 모르겠다.

책을 시작하면서 농담을 던졌고 지금 또다시 나의 실패를 언급하기는 했지만 닉센은 농담이 아니다. 닉센이 전하는 메시지는 그보다 훨씬 크고 중요하다. 더 큰 그림을 바라보기 위해 잠시 미래를 상상해보자. 더 큰 차원에서 닉센을 통해 무엇을 얻을 수 있을지 알아보는 것이다.

우리는 여전히 바쁠 것이다

• • • • •

토니 크랩의 주장에 따르면 우리가 머지않아 덜 바빠지는 일은 일어나지 않을 거라고 한다. 그건 우리의 잘못이 아니라고 그는 안심시키듯 말한다. 우리는 로봇과 인공지능이 청소 같은 업무를 대신 해주는 와중에도 더욱 바빠질지도 모른다. 현대 기술은 우리의 관심을 더욱 필요로 하기 때문이다. 기술은 더욱 정교해지고 있다. 기술과 단절된 채 아무것도 하지 않기란 더욱 힘들어질 것이다.

내가 가장 걱정하는 부분은 특히 밀레니얼 세대에서 스

트레스 수치가 눈에 띄게 높아지고 있으며 번아웃이 더욱 만연해지고 있다는 사실이다. 이런 스트레스는 높아진 경제적 불안정, 치솟는 의료비, 기후 위기에 기인한다. 기후변화 때문에 환경 염려증에 시달리는 이들도 있다. 우리의 즉각적인 관심이 필요한 심각한 사안이다.

여러분을 우울하게 만들려고 이런 얘기를 하는 것이 아니다. 나는 지금이 더 나은 세상, 번창하는 세상을 상상해야 할 때라고 생각한다. 네덜란드 역사가 뤼트허르 브레흐만(Rutger Bregman)이 『리얼리스트를 위한 유토피아 플랜』에서 언급했듯 우리가 오늘날 당연하게 생각하는 자유와 특권은 한때 영리한 사람들의 머릿속 생각에 불과했다. "오늘날 정치적으로 불가능해 보이는 생각이 언젠가는 정치적으로 불가피해질지도 모른다." 모든 생각은 '만약에'라는 질문에서 시작한다.

닉센토피아를 향하여

• • • • •

작가이자 환경주의자 롭 홉킨스(Rob Hopkins)는 『만약에(From What Is to What If)』에서 자신들이 소비할 식량을 직접 생산하고 아이들이 뛰어놀 장소를 직접 만드는 마을의 예를 들면서 유토피아를 설명한다.

그는 상상력의 힘을 증진하는 학교, 윤리적인 은행과 직장에 관해 얘기한다. 그의 비전은 특히 초반부에는 비현실적으로 보이지만, 그가 설명하는 프로젝트는 철저히 현실에 바탕을 둔다.

유토피아는 우리 생각보다 멀지 않을지도 모른다. 이 세상에는 이미 닉센 친화적인 장소가 몇 군데 있다. 네덜란드도 그중 하나다. 이제부터 닉센 친화적인 미래에 관한 나의 비전을 여러분과 공유하려 한다. 단순히 아무것도 하지 않는 것보다는 더 큰 의미를 담고 있는 비전이다. 내가 구상하는 닉센토피아를 이루는 몇 가지 아이디어는 다음과 같다.

생산성을 재정의한다

생산성을 높이는 데 필요한 요소에 닉센을 포함하도록 생산성의 정의를 일괄적으로 다시 정립해야 할 때다. 얼마나 열심히 혹은 얼마나 오래 일하는지가 생산성을 결정해서는 안 된다. 결과물이 생산성을 판가름해서도 안 된다. 내가 달성한 성과물에 따라 나의 가치가 결정된다는 생각에서 벗어나야 한다.

"나는 오늘 가족들을 살게 했어"라고 말해도 괜찮아야 한다. 그것만으로도 충분히 생산적인 하루였다고 생각할 수 있어야 한다. "나는 하루 종일 소파에 앉아 있었어"라고 말해도 가치 있는 인간이라고 느껴야 한다.

다른 문화에서 배운다

우리는 다른 나라 사람들에게서 삶의 지혜를 배울 수 있다. 다른 자기계발 방법보다는 닉센이 훨씬 더 쉬운 방법이기는 하지만 온갖 자기계발 트렌드가 존재하는 건 다행이라고 생각한다. 다양한 선택권 덕분에 우리는 개인적인 상황이나 개성을 고려해 자신에게 맞는 방법을 택할 수 있다.

네덜란드인은 자전거를 타고 사구를 한 바퀴 돌거나 헤젤러흐한 카페에서 기름기 가득한 간식을 먹는 등 삶을 즐기는 방법을 안다. 우리는 그들에게서 평범함의 중요성을 배울 수도 있다. 평범함에서 벗어나지 않으려 하는 네덜란드인들의 관점에서 말하자면 닉센은 좋은 일이지만 지나치게 많이 해서는 안 되는 것이다. 집에서 닉센만 할 게 아니라 밖으로 나가 돌아다니기도 해야 한다. 우리에게는 친구와 가족, 직장 동료와 상사가 필요하다.

어디에서 살고 있든, 어느 나라에서 왔든 우리 모두에게는 이따금 일과 온갖 책무에서 벗어나 잠시 쉬고 싶은 욕망이 있다. 우리를 연결하는 것은 닉센을 하고픈 욕망이라고 해도 과언이 아니다. 닉센이든 돌체 파르 니엔테든, 내면의 돼지 개를 꺼내는 것이든, 달콤한 게으름이든 욕망은 동일하다.

남의 눈치를 보지 않고 태연하게 아무것도 하지 않기 위해서는 배짱이 필요하다. 유대인은 배짱이나 용기를 가리키는 이디시어, 후츠파(hutzpah)를 사용한다.

다른 사람이 시간을 쓰는 방법을 두고 이래라저래라 해서는 안 된다. "서로의 차이를 존중해야죠. 다른 나라 사람들은 다른 방식으로 살며 그것이 그들에게 잘 맞는다는 사실을 알아야 합니다." 중세 연구가 이리나 두미트레스쿠는 이렇게 말한다.

나의 고향 폴란드에는 야코스 토 베지에(Jakoś to będzie) 철학이 있다. '어떻게든 될 것이다' 정도로 번역할 수 있는 이 철학은 힘든 시기에 딱 맞는 문구다. "폴란드인이 생각하는 행복은 편안한 지대에서 벗어나는 것입니다. 단순히 대세를 거역하기 때문에 합리적이지 않은 것처럼 보이는 일을 하는 것입니다. 변화를 추구하는 것이죠." 닉센을 할 때 우리가 취해야 하는 태도와 비슷하다.

기후변화에 맞선다

기후변화는 우리가 걱정해야 하는 또 다른 시급한 사항이다. 지난 몇 년 동안 여름 날씨는 그 어느 때보다도 더웠다. 통계에 따르면 앞으로 더 더워질 거라고 한다. 유럽연합은 기후 위기를 선언했으며 회원국에 2050년까지 온실가스 배출량을 0으로 줄이라고 촉구하고 있다. 일각에서는 온실가스 배출량은 이미 회복할 수 없는 수준에 이르렀을지도 모른다고 한다. 실제로 북극의 빙원은 녹고 있으며 산호초는 사라지고 있다. 세계의 폐라고 알려진 아마존 열대우림은 심각한 가뭄과 삼림 황폐화에 시달리고 있으며 스웨덴이나 북부 러시아, 미국 같은 몇몇 국가에서는 산불이 심각한 수준이다.

대부분의 영토가 해수면 아래 위치한 네덜란드에서 상승하는 해수면은 심각한 위협이다. 기후변화가 다른 어느 나라에서보다도 시급한 사안이다. "네덜란드인에게는 서기 2100년, 2400년, 4000년이 결정적인 해일 것이다." 페터르 카위퍼르스 뮈네커(Peter Kuipers Munneke)는 위트레흐트

(Utrecht)대학교 홈페이지 사설란에서 이렇게 말한다. 그의 말처럼 한 국가가 사라지는 것은 시간 문제일 뿐이다. 이미 전 세계 수로의 수면이 상승하고 있으며 곳곳에서 수상 가옥 관련 기술을 개발하고 있다. 혁신가들은 물에 저항하는 게 아니라 물과 함께 사는 법을 찾고 있다. 하지만 이런 노력만으로 충분할까?

우리는 이런 위기에 대응하기 위해 지금 당장 현명한 결정을 내려야 한다. 나는 닉센이 이 중요한 결정을 하는 데 새로운 관점을 제공할 수 있다고 본다. 명상을 하거나 휘게를 하면서 기후 위기를 해결할 수는 없겠지만, 닉센을 한 뒤 회복하고 재충전한 상태로 현명한 해결책을 내놓을 수 있을지도 모른다.

닉센은 환경에 위협이 되지도 않는다. 우리는 소비를 너무 많이 하고 낭비를 지나치게 많이 했으며 너무 많은 일을 하는 바람에 기후변화를 가져왔다. 닉센을 할 때 우리는 소비도 낭비도 일도 모두 내려놓게 된다. BBC 기사는 최근 짧은 근무시간을 지지하고 나섰다. 우리가 지나치게 오래 일하기 때문에 그런 것이 아니라 기후변화를 예방하기 위해서였다. 일석이조인 셈이다.

끝도 없는 경제적 야망에 브레이크를 걸 때다. 끝없는 경제 성장을 이루기 위해 우리는 더욱더 열심히 일해야 했다.

하지만 도대체 무엇을 위해서 그래야 하는 것일까? 우리는 언제까지 더 많이 일하고 더 많이 사고 더 많이 소비하며 환경을 해쳐야 하는 것일까? 이를 막기 위한 해결책은 성장을 멈추고 닉센을 하는 것이다.

행복 대신 만족을 추구한다

우리는 늘 행복해지기를 바란다. 이는 인간의 본능이다. 닉센을 연구하면서 행복 전문가나 연구가와 대화를 나눈 결과 나는 행복은 목표가 아니라 만족스러운 삶의 부산물로 봐야 한다는 사실을 깨달았다. 행복이 사람마다 다른 의미를 지닌다는 것도 알게 되었다. 행복하다고 느끼거나 행복해지기 위한 방법은 한 가지가 아니다.

무모하게 행복을 좇다가 스트레스를 받는 사람들이 많다. 나는 네덜란드인이 잘하는 일을 권하고 싶다. 바로 만족이다. 네덜란드인은 행복하지만 풍족하게 혹은 유별나게 행복해하지는 않는다. 그들의 행복은 잔잔하고 차분하다. 자유시간이 충분할 때, 지역사회의 구성원으로 존중받을 때, 병가나 실업수당처럼 재앙이 닥쳤을 때 기댈 수 있는 안정적인 보상제도가 있을 때 우리는 만족감을 느낀다.

행복의 추구를 별로 중요하게 생각하지 않는 문화도 있다. 이러한 문화에서는 항상 뚱한 표정을 짓고 있어도 전혀 상관없다. 폴란드인을 예로 들어보자. 토마시 리스(Tomasz Lis)가 공저로 쓴 『어떻게든 될 것이다(Jakoz to bedzie)』에서 알 수 있듯 그들에게는 불평이 일상이다. 그들은 불만을 표하는 시간을 즐긴다. 폴란드인은 불평을 늘어놓으면서 상대와 유대감을 형성하고 만족감을 느낀다고 생각한다.

닉센은 우리에게 사색하고 몽상에 잠기며 자신이 무엇을 좋아하고 좋아하지 않는지 생각할 시간을 준다. 닉센은 우리의 삶에 의미를 부여한다. 우리 자신에게 중요한 것을 우선시할 수 있게 해주며 사회에 참여하는 방법을 스스로 결정하도록 장려하기 때문이다.

지지하는 지역사회, 정부, 이웃을 만든다

2017년 갤럽 조사에 따르면 미국인 상당수가 큰 정부를 위협으로 생각하는 것으로 나타났다. 하지만 부모를 지원하는 정책, 휴가를 제공하는 정책, 사회 약자를 보호하는 정책은 상식일 뿐만 아니라 개인의 행복과 웰빙을 증진하는 데 기여하기도 한다. 현대 가족을 위한 위원회(Council of

Contemporary Families)에서 수행한 연구에 따르면 부모가 정부로부터 지원을 많이 받는 국가에서는 부모인 사람과 부모가 아닌 사람이 느끼는 행복의 격차가 가장 적다고 한다. 이 격차가 가장 큰 국가는 바로 미국이다.

역사가 스테파니 쿤츠(Stephanie Coontz)가 『미국 가족과 노스텔지아의 덫(The Way We Never Were)』에서 주장하듯 "양육을 아주 중요한 문제로 생각해 부모에게만 전적으로 떠맡기지 않는 국가에서 아이들은 가장 잘 자란다." 네덜란드 아이들이 행복한 이유다. 네덜란드 부모들은 정부, 보육 시설, 가족으로부터 많은 지원을 받는다.

캐나다에 살고 있는 작가이자 지역사회 조직가 나키타 발레리오(Nakita Valerio)가 지역사회 돌봄이라 부르는 것이 우리에게도 필요하다. 발레리오의 주장에 따르면 지역사회 돌봄이란 사람들이 자신들이 누리는 특권을 이용해 다양한 방식으로 서로를 돕는 것이다.

자기 관리 역시 마찬가지다. 개인이 전적으로 떠안기에는 너무나도 중요한 문제다. 우리는 사회 전체적으로 더 나은 성과를 달성해야 하며 우리의 웰빙에 더 많은 투자를 하도록 정부에 요구해야 한다.

더 평화로운 세상을 위하여

세상이 변하면서 네덜란드인도 바뀌고 있다. 모든 변화가 바람직한 것은 아니다. "사회 연결망이 여전히 중시되지만, 과거보다는 덜 중요해졌습니다. 예산 삭감 때문에 사회 지원망이 줄어들었죠. 의료보험과 사회보장에 배정되는 예산은 충분하지 않은 수준입니다." 카롤린 하밍은 이렇게 요약한다.

그리하여 오늘날에는 네덜란드인의 스트레스 수치가 높아지고 있다. 번아웃 통계자료를 보면 이런 현상이 두드러진다. 학생들 사이에서도 큰 변화가 목격된다. 학생 대출 부담이 높아지면서 학생들은 과거보다 재정적으로 큰 스트레스에 시달린다. 과거에는 공부하는 동안 상당한 금액의 보조금을 지원받았다.

평범함을 사랑하는 듯한 네덜란드인의 전통적인 특징 또한 변하고 있다. 오늘날 네덜란드인은 남들과 달라지기를 바란다. "남들보다 뛰어나고자 하는 욕망이 커지고 있습니다. 우리는 작은 국가이고 모두가 그 사실을 알죠. 우리는 영웅으로 알려지기를 바라고 있어요." 카타리나 하베르캄프는 말한다.

하지만 그녀는 이렇게 덧붙였다. "조심해야 한다고 말하는 목소리도 있죠. 아이들은 뛰어날 필요가 없다고 느낄 때 잘 자랍니다. 자기다워지는 방법을 알고 자기의 재능이 무엇인지, 자기가 무엇을 잘하는지 잘 알고 거기에 집중하는 것이 좋죠. 모두가 영웅이 될 필요는 없습니다."

"제가 닉센을 좋아하는 이유입니다. 우리는 닉센을 일정표에 넣어야 합니다. 아무것도 하지 않는 시간이 필요하죠. 잠시 멈춰서 조용한 순간을 맞는 것입니다." 그녀의 말에 따르면 닉센은 우리가 함께 살아가고 연결되는 새로운 방법을 심사숙고할 시간을 주기 때문에 빠르게 변하는 세상에 맞서는 데 도움이 된다.

카리 레이보위츠 역시 이 말에 동의한다. "개인적인 마음가짐도 중요하지만 제도적인 변화도 필요합니다. 개인은 문화를 형성하고 문화는 개인을 형성하죠." 개인은 지역사회가 뒷받침해줄 때 앞으로 나아갈 수 있다. 토니 크랩의 말처럼 닉센을 하고 휴식을 취하고 잠시 햇볕을 쬐는 일이 수용되는 닉센 마을이 필요한 것이다.

미래가 걱정되기는 하지만 곳곳에서 변화가 나타나고 있다. 느린 라이프 스타일을 받아들이고 조용히 생각할 시간을 갖는 사람들이 많아지고 있으며, 바쁜 생활을 거부하고 자신이 가장 좋아하는 일을 하거나 닉센을 할 시간을 마련하려고 노력하는 사람들이 생겨나고 있다. 닉센을 향한 관심도 높아지고 있다. 내가 조심스럽게 미래를 낙관하는 이유다.

달콤한 게으름

책 마지막 문장에 마침표를 찍던 날, 나는 잠시 내가 한 엄청난 일을 돌아봤다. 나는 책을 썼다. 정말 대단한 일 아닌가? 나는 컴퓨터 화면을 바라본 뒤 마지막으로 몇 가지 사항을 수정한 다음, 마지막 장을 편집자에게 보냈다. 그런 뒤 컴퓨터를 조금 더 오래 바라보았다.

목에서 낯설지 않은 까끌까끌한 감촉이 느껴졌다. 지난 열흘 동안 달고 살았던 감기의 끝이었다. 감기가 나아가는 기분이었다. 네덜란드 날씨는 종잡을 수 없으니 새로운 감기의 시작일지도 몰랐다.

목요일이면 그렇듯 나는 네덜란드어 수업을 들으러 갔으며 수업을 마친 뒤에는 식료품점으로 재빨리 달려가 저녁거리를 샀다. 집으로 서둘러 돌아오니 아이들을 태운 스쿨버스가 막 진입로에 들어서고 있었다. 아이들에게 간식을 만들어주고 놀 거리를 쥐여준 뒤 저녁 식사를 준비했다. 딸아이가 가장 좋아하는 볶음밥을 만들 생각이었다.

하지만 요리를 하기 전에 나는 냉장고 한구석에서 나를 기다리고 있는 크루아상 반죽을 꺼내 밀대로 밀었다. 크루아상을 굽는 일은 시간이 아주 오래 걸리는 일이다. 신경 써야 할 점이 많다. 버터의 온도에서부터 바삭바삭한 식감을 내기 위해 반죽을 접는 정확한 횟수에 이르기까지 한 가지만 실수해도 제대로 구워지지 않기 때문에 세심한 주의를 기울여야 한다.

하지만 크루아상을 굽는 동안 나는 닉센을 할 수 있다. 반죽이 부풀어 오르는 것을 기다릴 때나 버터를 식힐 때처럼 닉센을 할 시간이 많다. 크루아상 굽기는 내가 바쁜 일상에서 속도를 늦추고 아무것도 하지 않도록 만든다. 저녁 식사를 마친 뒤 뒷정리를 하고 아이들을 잠옷으로 갈아입혔다. 아이들을 침대에 눕히고 남편이 집에 오기를 기다리는 동안 나는 새로 산 반짝이는 갈색 소파에 앉아 담요를 덮은 채 아무것도 하지 않았다. 정말 달콤한 순간이었다.

참고문헌

프롤로그 | 잠시도 숨 돌릴 틈 없는 삶을 살고 있나요?

1. Cederström, Carl and Spicer, André, The Wellness Syndrome. Polity. February 23, 2015.
2. Corliss, Julie, Mindfulness meditation may ease anxiety, mental stress. Harvard Health Publishing, 08.01.2014. Link: https://www.health.harvard.edu/blog/mindfulness-meditation-may-ease-anxiety-mental-stress-201401086967 Last accessed January 24, 2020.
3. Dolan, Paul, Happy Ever After: Escaping The Myth of The Perfect Life. Allen Lane. May 1, 2019.
4. Ehrenreich, Barbara, Natural Causes: An Epidemic of Wellness, the Certainty of Dying, and Killing Ourselves to Live Longer, Twelve; April 16, 2019.
5. Gallup: Global Emotions Report 2019. Link: https://www.gallup.com/analytics/248906/gallup-global-emotions-report-2019.aspx. Last accessed on January, 24, 2020.
6. Knoll, Jessica, Smash the Wellness Industry. In: The New York Times. June 8, 2019. Link: https://www.nytimes.com/2019/06/08/opinion/sunday/women-dieting-wellness.html. Last accessed on January 24, 2020.
7. Kondo, Marie, Life-Changing Magic of Tidying Up. A simple, effective way to banish clutter forever. Vermilion, April 3, 2014.

8. Mecking, Olga, The Case for Doing Nothing. In: The New York Times April 29, 2019. Link: https://www.nytimes.com/2019/04/29/smarter-living/the-case-for-doing-nothing.html. Last accessed on January 24, 2020.
9. Merriam-Webster Dictionary. Link: https://www.merriam-webster.com/dictionary/trend. Last accessed on January 24, 2020.
10. Oppong, Thomas, Ikigai: The Japanese Secret to a Long and Happy Life Might Just Help You Live a More Fulfilling Life. In: Thrive Global, January 10, 2018. Link: https://medium.com/thrive-global/ikigai-the-japanese-secret-to-a-long-and-happy-life-might-just-help-you-live-a-more-fulfilling-9871d01992b7. Last accessed on January 24, 2020.
11. Taylor, Daron, The 'hygge' trend took America by storm. Just don't try to translate it. March 22, 2018. Link. https://www.washingtonpost.com/news/worldviews/wp/2018/03/22/the-hygge-trend-took-america-by-storm-just-dont-try-to-translate-it/ Last accessed on January 24, 2020.
12. The Local editors, German Word of the Day: Die Gemütlichkeit. In: The Local Germany, September 28, 2018. Link: https://www.thelocal.de/20180927/die-gemuetlichkeit. Last accessed on January 24, 2020.
13. The Mirror Editors, Half of Brits feel 'time poor' and majority are too stressed to have fun. July 13, 2017. Link: https://www.mirror.co.uk/news/uk-news/half-brits-feel-time-poor-10791478. Last accessed on January 24, 2020.
14. Thomson, Lizzie, What you need to know about the Korean wellness concept 'nunchi.' Metro UK, August 19, 2019. Link: https://metro.co.uk/2019/08/19/what-you-need-to-know-about-the-korean-wellness-concept-nunchi-10591394/. Last accessed on January 24, 2020.

15. Twenge, Jean M, Have Smartphones Destroyed a Generation? In The Atlantic, September 2017. Link: https://www.theatlantic.com/magazine/archive/2017/09/has-the-smartphone-destroyed-a-generation/534198/ Last accessed on January 24, 2020.
16. Twenge, Jean M. Why So Many People Are Stressed and Depressed in Psychology Today. 02.10.2014 Link: https://www.psychologytoday.com/us/blog/our-changing-culture/201410/why-so-many-people-are-stressed-and-depressed Last accessed January 24, 2020.
17. Verhoeven, Gebke, Niksen is the New Mindfulness in: Gezond Nu. August 24, 2017. Link: https://gezondnu.nl/dossiers/psyche/stress/niksen-het-nieuwe-mindfulness/. Last accessed on January 24, 2020.
18. Winant, Gabriel, Mind Control. Barbara Ehrenreich's radical critique of wellness and self-improvement. In: The New Republic, May 23, 2018. Link https://newrepublic.com/article/148296/barbara-ehrenreich-radical-crtique-wellness-culture. Last accessed on January 24, 2020.
19. Yougov Mental Health Statistics, https://www.mentalhealth.org.uk/statistics/mental-health-statistics-stress. Last accessed on January 24, 2020.

CHAPTER 1 | 우리가 제대로 쉬지 못하는 이유

1. Anne McMunn et al, Gender Divisions of Paid and Unpaid Work in Contemporary UK Couples. Work, Employment and Society, July 25, 2019. Link: https://doi.org/10.1177/0950017019862153 Last accessed January 26, 2020.
2. Bates, Sofie, A decade of data reveals that heavy multitaskers have

reduced memory, Stanford psychologist says. In: Stanford News, October 25, 2018. Link: https://news.stanford.edu/2018/10/25/decade-data-reveals-heavy-multitaskers-reduced-memory-psychologist-says/ Last accessed January 26, 2020.

3. Cain Miller, Claire. Women Did Everything Right. Then Work Got 'Greedy.' In: The New York Times, April 26, 2019. Link: https://www.nytimes.com/2019/04/26/upshot/women-long-hours-greedy-professions.html Last accessed January 26, 2020.
4. Cook, Chris, Why are Steiner schools so controversial? In: BBC News, August 4, 2014. Link: https://www.bbc.com/news/education-28646118 Last accessed January 26, 2020.
5. Crabbe, Tony, Busy: How to Thrive in a World of Too Much. Grand Central Publishing. July 7, 2015.
6. Dolan, Paul, Happy Ever After: Escaping The Myth of The Perfect Life. Allen Lane. May 1, 2019.
7. Dumitrescu, Irina, 'Bio-Nazis' go green in Germany. In: Politico, July 13, 2018. Link: https://www.politico.eu/article/germany-bio-nazis-go-green-natural-farming-right-wing-extremism/ Last accessed January 26, 2020.
8. Ehrenreich, Barbara Bright-sided: How Positive Thinking is Undermined America. Henry Holt and Company. October 13, 2009.
9. Eschner, Kat, A Little History of American Kindergartens. In: Smithsonian Magazine, May 16, 2017. Link: https://www.smithsonianmag.com/smart-news/little-history-american-kindergartens-180963263/ Last accessed January 26, 2020.
10. Fleming, Peter, Do you work more than 39 hours a week? Your job could be killing you. In: The Guardian, January 15, 2018. Link: https://www.theguardian.com/lifeandstyle/2018/jan/15/is-28-hours-ideal-working-week-for-healthy-life Last accessed January

26, 2020.

11. Frazer, John, How The Gig Economy Is Reshaping Careers For The Next Generation. In: Forbes, February 16, 2019. Link: https://www.forbes.com/sites/johnfrazer1/2019/02/15/how-the-gig-economy-is-reshaping-careers-for-the-next-generation/#77a664dc49ad Last accessed January 26, 2020.
12. Gabriele, Ludo, Woke Daddy. Link: http://wokedaddy.com/ Last accessed January 26, 2020.
13. Ko, Youkyung, Sebastian Kneipp and the Natural Cure Movement of Germany: Between Naturalism and Modern Medicine. Korean Journal of Medical History. 2016; 25(3): 557-590.
14. Kross, Ethan et al, Social rejection shares somatosensory representations with physical pain. Proceedings of the National Academy of Sciences of the United States of America. 2011; 108 (15):6270-6275.
15. Lieberman, Matthew, D. Social: Why our brains are wired to connect. Crown Publishers. October 10, 2013.
16. MacEacheran, Mike, How Switzerland Transformed Breakfast. In: BBC Travel, August 14, 2017. Link: http://www.bbc.com/travel/story/20170808-how-switzerland-transformed-breakfast Last accessed January 26, 2020.
17. Marsh Stefanie and Gabrielle Deydier: what it's like to be fat in France. In: The Guardian, September 10, 2017. Link: https://www.theguardian.com/society/2017/sep/10/gabrielle-deydier-fat-in-france-abuse-grossophobia-book-women Last accessed January 26, 2020.
18. More Muelle, Christina, The History of Kindergarten: From Germany to the United States. 2013. Link: https://digitalcommons.fiu.edu/cgi/viewcontent.cgi?referer=&httpsredir=1&article=1110&context=sferc Last accessed January 26, 2020.

19. Mullainathan, Sendhil and Shafi Eldar, Scarcity: Why Having Too Little Means So Much. Times Books. September 3, 2013.
20. OECD. Stat. Employment: Time spent in paid and unpaid work, by sex. Link: https://stats.oecd.org/index.aspx?queryid=54757 Data extracted on January 25, 2020
21. Pollen, Annebella, Looking back at Life Reform: Movements and Methods for Turbulent Times. In: Corrupted Files, February 2018. Link: http://www.corruptedfiles.org.uk/portfolio/looking-back-at-life-reform/ Last accessed January 26, 2020.
22. Sanbonmatsu David M, Who Multi-Tasks and Why? Multi-Tasking Ability, Perceived Multi-Tasking Ability, Impulsivity, and Sensation Seeking. In: PLOS ONE, January 23, 2013. Link: https://doi.org/10.1371/journal.pone.0054402 Last accessed January 26, 2020.
23. Savage, Maddy, The 'paradox' of working in the world's most equal countries. In: BBC Worklife, September 5, 2019 Link: https://www.bbc.com/worklife/article/20190831-the-paradox-of-working-in-the-worlds-most-equal-countries Last accessed January 26, 2020.
24. Schaffer, Amanda, How the Brain Seeks Pleasure and Avoids Pain. In: MIT Technology Review, June 27, 2017. Link: https://www.technologyreview.com/s/608000/how-the-brain-seeks-pleasure-and-avoids-pain/ Last accessed January 26, 2020.
25. Schröder, Christian, Sich frei machen, um frei zu leben: Geschichte der Lebensreformbewegung. In: Der Tagesspiegel, June 26, 2017. Link: https://www.tagesspiegel.de/gesellschaft/geschichte-der-lebensreformbewegung-nicht-die-welt-sondern-das-ich-soll-verbessert-werden/19971278-4.html Last accessed January 26, 2020.
26. Scott, Elizabeth. How to Deal With FOMO in Your Life. In: Verywell Mind, November 26, 2019. Link: https://www.verywellmind.com/

how-to-cope-with-fomo-4174664 Last accessed January 26, 2020
27. Stillman, Jessica, This Is the Ideal Number of Hours to Work a Day, According to Decades of Science. In: Inc.com, August 29, 2017. Link: https://www.inc.com/jessica-stillman/this-is-the-ideal-number-of-hours-to-work-a-day-ac.html Last accessed January 26, 2020.
28. The Economist Editors, Parents now spend twice as much time with their children as 50 years ago. November 27, 2017. Link: https://www.economist.com/graphic-detail/2017/11/27/parents-now-spend-twice-as-much-time-with-their-children-as-50-years-ago Last accessed January 26, 2020.
29. Vanderkam Laura, I Know How She Does It: How Successful Women Make the Most of Their Time. Portfolio. June 9, 2015.
30. Veblen, Thorstein, The Theory of the Leisure Class: An Economic Study of Institutions. 1899. Link: http://moglen.law.columbia.edu/LCS/theoryleisureclass.pdf Last accessed January 26, 2020.
31. Wellness Creative Co. Health & Wellness Industry Statistics 2019 [Latest Market Data & Trends]. July 3, 2019. Link: https://www.wellnesscreatives.com/wellness-industry-statistics/ Last accessed January 26, 2020.
32. Wilson, Timothy, et al. The Mind In Its Own Place: The Difficulties and Benefits of Thinking for Pleasure. In: PsyArXiv, June 3, 2019. Link: https://doi.org/10.1016/bs.aesp.2019.05.001 Last accessed January 26, 2020.

CHAPTER 2 | 닉센이란 무엇인가

1. BBC Editors. People spend 'half their waking hours daydreaming'. In BBC, 12 November, 2010. Link: https://www.bbc.com/news/

health-11741350. Last accessed on January 25 2020.

2. De Bres, Elise, The Power of niksen and lantefanteren. Book Coach. 26.01.2018. Link: https://boekcoach.nl/the-power-niksen-and-lantefanteren/. Last accessed on January 25, 2020.
3. Demers, Dawn, More Than Bubble Baths: The Real Definition of Self-Care. In: Thrive Global. September 24.2019. Link https://thriveglobal.com/stories/more-than-bubble-baths-the-real-definition-of-self-care/. Last accessed on January 25, 2020.
4. Dodgen-Magee, Doreen, Deviced: Balancing Life and Technology in a Digital World. Rowman & Littlefield Publishers. October 8, 2018.
5. Eastwood, John E. et al. The Unengaged Mind: Defining Boredom in Terms of Attention. In: Perspectives on Psychological Sciences. September 5, 2015. Link https://journals.sagepub.com/doi/abs/10.1177/1745691612456044. Last accessed on January 25, 2020.
6. Encyclo.nl, keyword luieren. Link: https://www.encyclo.nl/begrip/luieren. Last accessed on January 25, 2020.
7. Frank, Priscilla, 'Boring Self-Care' Drawings Celebrate Everyday Mental Health Victories. In: Huffington Post, May 15, 2015. Link: https://www.huffpost.com/entry/boring-self-care_n_5914dabae4b00f308cf40a19?guccounter=1. Last accessed on January 25, 2020.
8. Gottfried, Sophia, Niksen Is the Dutch Lifestyle Concept of Doing Nothing—And You're About to See It Everywhere. In TIME Magazine, July 12, 2019. Link: https://time.com/5622094/what-is-niksen/. Last accessed on January 25,2020.
9. Hartley, Gemma, Fed Up: Women, Emotional Labor, and the Way Forward. HarperOne, November 13, 2018.
10. Odell, Jenny, How to Do Nothing. Resisting the Attention Economy. Melville House. April 23, 2019.
11. Renz, Katie, How To Be Idle: An Interview with Tom Hodgkinson. In.

Mother Jones. June 8, 2005. Link: https://www.motherjones.com/media/2005/06/how-be-idle-interview-tom-hodgkinson/. Last accessed on January 25, 2020.

12. Rubin, Gretchen, Podcast 53: Put the Word "Meditation" Before A Boring Task, Competitive Parenting, and Ideas for Organizing Recipes. Link: https://gretchenrubin.com/podcast-episode/parenting-happier-podcast-53. Last accessed January 25, 2020.
13. The Nikseneers: The People Who Love Doing Nothing Facebook group. Link: https://www.facebook.com/groups/TheNikseneers/ Last accessed January 25, 2020.
14. Wictionary, keyword Innerer Schweinehund. Link: https://en.wiktionary.org/wiki/innerer_Schweinehund. Last accessed on January 25, 2020.
15. Wiest, Brianna, This Is What 'Self-Care' REALLY Means, Because It's Not All Salt Baths And Chocolate Cake. In: Thought Catalog. January 14, 2020. Link: https://thoughtcatalog.com/brianna-wiest/2017/11/this-is-what-self-care-really-means-because-its-not-all-salt-baths-and-chocolate-cake/. Last accessed on January 25, 2020.

CHAPTER 3 | 아무것도 하지 않으면 달라지는 것들

1. Callard, Felicity and Margulies, Daniel S. What we talk about when we talk about the default mode network. In: Frontiers in Human Neuroscience. 25.08.2014. Link: https://www.ncbi.nlm.nih.gov/pmc/articles/PMC4142807/pdf/fnhum-08-00619.pdf. Last accessed on January 25, 2020.
2. Cleese, John, On Creativity in Management. Link: https://www.youtube.com/embed/Pb5oIIPO62g?start=60. Last accessed on

January 25, 2020.

3. Dijksterhuis, Ap, Think Different: The Merits of Unconscious Thought in Preference Development and Decision Making. In Journal of Personality and Social Psychology. November 2004. Link. https://www.researchgate.net/publication/51367135_Think_Different_The_Merits_of_Unconscious_Thought_in_Preference_Development_and_Decision_Making/link/0deec51f8b208d6864000000/download. Last accessed on January 25, 2020.
4. Hogarth, Robin M, The Two Settings of Kind and Wicked Learning Environments. In: Current Directions in Psychological Sciences, October 1, 2015. Link: https://pdfs.semanticscholar.org/5c5d/33b858eaf38f6a14b3f042202f1f44e04326.pdf. Last accessed on January 25 2015.
5. Kahneman, Daniel, and Klein, Gary, Conditions for Intuitive Expertise A Failure to Disagree. In: American Psychologist, October 2009. Link: https://www.researchgate.net/publication/26798603_Conditions_for_Intuitive_Expertise_A_Failure_to_Disagree. Last accessed on January 25, 2020.
6. Kahneman, Daniel, Thinking, Fast and Slow, Farrar, Straus and Giroux; April 2, 2013.
7. Levitt, Steven D, Heads or tails: the impact of a coin toss on major life decisions and subsequent happiness. In: National Bureau of Economic Research, August 2016. Link: https://www.nber.org/papers/w22487.pdf. Last accessed on January 25, 2020.
8. Mecking, Olga, What Is a Gut Feeling, and Should You Trust it? In: Forge Magazine June 28, 2019. Link. https://forge.medium.com/what-is-a-gut-feeling-and-should-you-trust-it-47f5245c9d4e Last accessed on January 25, 2020.
9. Pozen, Robert, Extreme Productivity: Boost Your Results, Reduce Your Hours. Harper Business October 2, 2012.

10. Raichle, Marcus, A default mode of brain function. In: Proceedings of the National Academy of Sciences of The United States of America. January 16, 2001. Link: https://www.pnas.org/content/98/2/676. Last accessed on January 25, 2020.

CHAPTER 4 | 하루 10분, 생각 끄기 연습

1. Bailey, Chris, The Productivity Project. Accomplishing More by Managing Your Time, Attention, and Energy. Currency; Reprint edition. August 29, 2017.
2. Belton, Teresa, How Kids Can Benefit from Boredom. In: The Conversation. September 23, 2016. Link: https://theconversation.com/how-kids-can-benefit-from-boredom-65596. Last accessed on January 26, 2020.
3. Bloem, Craig, Why Successful People Wear the Same Thing Every Day. In: Inc Magazine. February 20, 2018. Link: https://www.inc.com/craig-bloem/this-1-unusual-habit-helped-make-mark-zuckerberg-steve-jobs-dr-dre-successful.html. Last accessed on January 26, 2020.
4. Fuda, Peter, 10 Reasons Effective Meetings are so Important. In The Huffington Post, December 6, 2017. Link: https://www.huffpost.com/entry/10-reasons-why-effective_b_6130262?guccounter=1. Last accessed on january 26, 2020.
5. Gilovich, Thomas et al, The Spotlight Effect in Social Judgment: An Egocentric Bias in Estimates of the Salience of One's Own Actions and Appearance. In: Journal of Personality and Social Psychology. 6 June 2000. Link: https://pdfs.semanticscholar.org/1adc/74d682c11573e95d53c03da6a1449329ae03.pdf. Last accessed on January 26, 2020.

6. Grose, Jessica, Your Boss Should Take Full Parental Leave. In The New York Times. August 13, 2019. Link: https://www.nytimes.com/2019/08/13/parenting/parental-family-leave.html. Last accessed on January 26, 2020.
7. Johansson, Anna, Why Meetings Are One of the Worst Business Rituals. Ever. In Entrepreneur Magazine. April 8, 2015. Link: https://www.entrepreneur.com/article/244499. Last accessed on January 26, 2020.
8. Jonat, Rachel, The Joy of Doing Nothing. A Real-Life Guide to Stepping Back, Slowing Down, and Creating a Simpler, Joy-Filled Life. Adams Media. December 5, 2017.
9. Martin, Wednesday, Primates of Park Avenue: A Memoir. Simon & Schuster; Reprint edition June 2, 2015.
10. Mecking, Olga, The Sanity-Saving Approach to Housework. In: O, The Oprah Magazine. September 19, 2017. Link: http://www.oprah.com/inspiration/how-to-handle-housework-efficiently. Last accessed on January 26, 2020.
11. Resnick, Brian, Late sleepers are tired of being discriminated against. And science has their back. In. Vox. 27.02.2018. Link: https://www.vox.com/science-and-health/2018/2/27/17058530/sleep-night-owl-late-riser-chronotype-science-delayed-sleep-phase. Last accessed January 26, 2020.
12. Thaler, Richard H, Sunstein, Cass R. Nudge: Improving Decisions about Health, Wealth, and Happiness. Penguin Books; Revised & Expanded edition. February 24, 2009
13. The Nikseneers: The People who Love Doing Nothing Facebook group. Link. https://www.facebook.com/groups/TheNikseneers/. Last accessed on January 26, 2020.
14. Tonelli, Lucia, 14 Calming paint colors that will change the way you live. In: Elle Décor. January 9, 2019. Link: https://www.elledecor.

com/design-decorate/color/a25781168/calming-colors/. Lat accessed on January 27, 2020.

15. World Health Organization. Global Recommendations on Physical Activity for Health. 2010. Link: https://apps.who.int/iris/bitstream/handle/10665/44399/9789241599979_eng.pdf;jsessionid=830EFFAB847AFE421E0B7086CBA1D6D3?sequence=1. Last accessed on January 26, 2020.
16. Zetlin, Minda, Do You Have a Not-to-Do list? Here's Why You Should. In: Inc Magazine. March 30, 2018. Link: https://www.inc.com/minda-zetlin/got-a-to-do-list-great-a-not-to-do-list-is-even-more-important.html. Last accessed on January 26, 2020.

CHAPTER 5 | 행복은 멀리서 오지 않는다

1. Acosta, Rina Mae and Hutchison, Michele, The Happiest Kids in the World. How Dutch Parents Help Their Kids (and Themselves) by Doing Less. The Experiment April 4, 2017.
2. Adam, Hajo et al, How Living Abroad Helps You Develop a Clearer Sense of Self. In: Harvard Business Review. May 22, 2018. Link: https://hbr.org/2018/05/how-living-abroad-helps-you-develop-a-clearer-sense-of-self. Last accessed on January 27, 2020.
3. Amos, Jonathan, Dutch men revealed as world's tallest. In: BBC, July 26, 2016. Link: https://www.bbc.com/news/science-environment-36888541
4. Balicki, Jan, Amsterdamskie ABC, Iskry, 1974.
5. Bandy, Lauren, New Nutrition Data Shows Global Calorie Consumption. In: Euromonitor, February 2, 2015. Link: https://blog.euromonitor.com/new-nutrition-data-shows-global-calorie-consumption/. Last accessed on January 28, 2020.

6. Barry, Ellen, A Peculiarly Dutch Summer Rite: Children Let Loose in the Night Woods. In: The New York Times. July 21, 2019. Link: https://www.nytimes.com/2019/07/21/world/europe/netherlands-dropping-children.html. Last accessed on January 28.
7. Becker, Sascha O and Woessmann, Ludger, Economics helps explain why suicide is more common among Protestants. In Aeon Magazine. January 14, 2020. Link: https://aeon.co/ideas/economics-helps-explain-why-suicide-is-more-common-among-protestants. Last accessed on January 28, 2020.
8. Billinghurst, Stuart, Dutch Circle Party Guide – How to Survive a Dutch Birthday. In: Invading Holland. October 5, 2018. Link: Dutch Circle Party Guide – How to Survive a Dutch Birthday. Last accessed on January 28, 2020.
9. Boffey, Daniel, Dutch government ditches Holland to rebrand as the Netherlands. In: The Guardian, October 4, 2019. Link: https://www.theguardian.com/world/2019/oct/04/holland-the-netherlands-dutch-government-rebrand. Last accessed on January 27, 2020.
10. Burnett, Dean, Crack and cheese: do pleasurable things really affect your brain like drugs? In: The Guardian, February 13, 2018. Link: https://www.theguardian.com/science/brain-flapping/2018/feb/13/crack-and-cheese-do-pleasurable-things-really-affect-your-brain-like-drugs. Last accessed on January 28, 2020.
11. Coates, Ben, Why the Dutch Are Different: A Journey Into the Hidden Heart of the Netherlands. Nicholas Brealey, September 5, 2017.
12. Daly, Mary C, Oswald, Andrew J, Dark Contrasts: The Paradox of High Rates of Suicide in Happy Places. In: Journal of Economic Behavior & Organization, December 2011, https://www.researchgate.net/publication/228462399_Dark_Contrasts_The_

Paradox_of_High_Rates_of_Suicide_in_Happy_Places . Last accessed on January 28, 2020.

13. De Bruin, Ellen, Dutch women don't get depressed. Atlas Contact, April 19, 2007.
14. Dillon, Connor, Obese? Not us! Why the Netherlands is becoming the skinniest EU country. In: Deutsche Welle, June 9, 2015. Link: https://www.dw.com/en/obese-not-us-why-the-netherlands-is-becoming-the-skinniest-eu-country/a-18503808. Last accessed on January 28, 2020.
15. Ducharme, Jamie, Trying to Be Happy Is Making You Miserable. Here's Why. In: Time Magazine, August 10, 2018. Link: https://time.com/5356657/trying-to-be-happy/. Last accessed on January 28, 2020.
16. Epstein, David. Range: Why Generalists Triumph in a Specialized World, Riverhead Books, May 28, 2019.
17. Falk, John H and Balling, John D, Evolutionary Influence on Human Landscape Preference, In: Environment and Behavior, August 7, 2009. Link: https://www.researchgate.net/publication/249624620_Evolutionary_Influence_on_Human_Landscape_Preference. Last accessed on January 28, 2020.
18. Ferrari, Alize J et al, Burden of Depressive Disorders by Country, Sex, Age, and Year: Findings from the Global Burden of Disease Study 2010, In: PLOS Medicine, November 5, 2013. Link: https://journals.plos.org/plosmedicine/article?id=10.1371/journal.pmed.1001547. Last accessed on January 28, 2020.
19. Fischer, Jake, NBA players have a new favorite snack: Energy-boosting stroopwafels, In: The Washington Post, December 4, 2019. Link: https://www.washingtonpost.com/sports/2019/12/05/nba-waffles-stroopwafel-robert-covington-honeystinger/. Last accessed on January 28, 2020.

20. Giuliano, Mireille, French Women Don't Get Fat. The Secret of Eating for Pleasure. Vintage; December 26, 2007.
21. Harkness, Sara and Super, Charles, Themes and Variations: Parental Ethnotheories in Western Cultures, In: Rubin, K. (Ed.), Parental beliefs, parenting, and child development in cross-cultural perspective. New York: Psychology Press. September, 5 2013.
22. Hofstede Insights, country report: The Netherlands. In: Hofstede Insights. Link: https://www.hofstede-insights.com/country/the-netherlands/. Last accessed on January 28, 2020.
23. Jacobs Hendel, Hilary, Ignoring Your Emotions Is Bad for Your Health. Here's What to Do About It. In: Time Magazine, February 27, 2018. Link: https://time.com/5163576/ignoring-your-emotions-bad-for-your-health/. Last accessed on january 28, 2020.
24. Lauletta, Tyler, Megan Rapinoe proved all of her haters wrong with one of the most brilliant performances in World Cup history, In: Business Insider, July 9, 2019. Link: https://www.businessinsider.nl/megan-rapinoe-trump-womens-world-cup-2019-7?international=true&r=US. Last accessed on January 28, 2020.
25. Lonely Planet, Best in Travel Top Countries. Link. https://www.lonelyplanet.com/best-in-travel/countries?utm_campaign=ENL-EMEA-BIT2020-1-20191022&utm_source=sfmc&utm_medium=email&stuid=b23cb2330adf8df0aa038c0dababfb29&utm_content=124105&utm_term=. Last accessed on January 28, 2020.
26. M.S. Who's watching? In: The Economist, February 12, 2014. Link: https://www.economist.com/charlemagne/2014/02/12/whos-watching?fbclid=IwAR22hvPc7eUm_B-gplpEdbBNKPxkfw-C6dXhjGs2fOZlXZLvXIdWp9hf1w4. Last accessed on January 28, 2020.
27. Oishi, Shigehiro et al, Personality and geography: Introverts prefer

mountains. In: Journal of Research in Personality, February 27, 2015. Link: https://www.researchgate.net/publication/279754847_Personality_and_Geography_Introverts_Prefer_Mountains. Last accessed on January 28, 2020.

28. Oka, Noriyuki and Ankel, Sophia, Why you should opt for the Dutch de-stressing method 'niksen' over 'hygge,' according to a health expert. In: Business Insider, January 1, 2020. Link: https://www.insider.com/niksen-replacing-hygge-as-the-best-method-de-stressing-method-2019-11 Last accessed on January 28, 2020.
29. Oxfam Food Index, January 14, 2013, In: Oxfam of America. Link: https://s3.amazonaws.com/oxfam-us/www/static/media/files/Good_Enough_To_Eat_Media_brief_FINAL.pdf. Last accessed January 28, 2020.
30. Parental Leave, In: The Newbie Guide to Sweden. Link: https://www.thenewbieguide.se/just-arrived/register-for-welfare/parental-leave/, access January 28, 2020.
31. Pellman Rowland, Michael This Is Your Brain On Cheese. In: Forbes, June 26, 2017. Link: https://www.forbes.com/sites/michaelpellmanrowland/2017/06/26/cheese-addiction/#37cf26a13583. Last accessed on January 28, 2020.
32. Pieters, Janene, US stunned by "peculiarly Dutch" rite of "dropping." In: Netherlands Times, July 22, 2019. Link: https://nltimes.nl/2019/07/22/us-stunned-peculiarly-dutch-rite-dropping. Last accessed on January 28, 2020.
33. Ward, Claire, How Dutch women got to be the happiest in the world. In: Macleans, August 19, 2011. Link: https://www.macleans.ca/news/world/the-feminismhappiness-axis/. Last accessed on January 28.
34. Woolcot, Simon, How to make friends with the Dutch. In: Amsterdam Shallow Man, September 2013. Link: https://

amsterdamshallowman.com/2013/09/how-to-make-friends-with-the-dutch.html. Last accessed on January 28, 2020.

35. World Happiness Report 2019, March 20, 2019, link: https://worldhappiness.report/ed/2019/#read. Last accessed on January 28, 2020.

CHAPTER 6 | 생각 끄기가 어려운 사람들을 위한 팁

1. Avent, Ryan, Why do we work so hard? The Economist. June 10, 2016. Link: https://www.1843magazine.com/features/why-do-we-work-so-hard. Last accessed on january 27, 2020.
2. Bhattarai, Abha, Lego sets its sights on a growing market: Stressed-out adults. In: The Washington Post. January 16, 2020. https://www.washingtonpost.com/business/2020/01/16/legos-toys-for-stressed-adults/. Last accessed on January 27, 2020.
3. Brody, Jane E., The Health Benefits of Knitting. In: The New York Times. January 25, 2016. Link. https://well.blogs.nytimes.com/2016/01/25/the-health-benefits-of-knitting/. Last accessed on January 27, 2020.
4. Chillag, Amy, Why adults should play, too. In: CNN. November 2, 2017. Link: https://edition.cnn.com/2017/11/02/health/why-adults-should-play-too/index.html. Last accessed on January 27.
5. Contie, Vicki, Brain Imaging Reveals Joys of Giving. NIH Research Matters. Link https://www.nih.gov/news-events/nih-research-matters/brain-imaging-reveals-joys-giving. Last accessed January 27, 2020.
6. Csikszentmihalyi, Mihaly, Flow: The Psychology of Optimal Experience. Harper Perennial Modern Classics; 1 edition (July 1, 2008).

7. Doepke, Matthias and Zilibotti, Fabrizio, Love, Money, and Parenting: How Economics Explains the Way We Raise Our Kids. Princeton University Press. February 5, 2019.
8. Fitzpatrick, Kelly, Why adult coloring books are good for you. In: CNN. August 1 2017. Link: https://edition.cnn.com/2016/01/06/health/adult-coloring-books-popularity-mental-health/index.html. Last accessed on January 27, 2020.
9. Gregoire, Carolyn, Taking A Walk In Nature Could Be The Best Thing You Do For Your Mood All Day. In: The Huffington Post. September 23, 2014. Link: https://www.huffpost.com/entry/walk-nature-depression_n_5870134?guccounter=1. Last accessed on January 27, 2020.
10. Hauka, Lynn, The Sweetness of Holding Space for Another. In: Huffington Post. 28.03.2016. Link: https://www.huffpost.com/entry/the-sweetness-of-holding-_b_9558266?guccounter=1. Last accessed 27.01.2020.
11. Healthbeat Editors, Harvard University. October 17, 2016. Link: https://www.health.harvard.edu/staying-healthy/why-sitting-may-be-hazardous-to-your-health. Last accessed 27.01.2020.
12. Healthwise Editors, University of Michigan. Stress Management: Relaxing Your Mind and Body. Health Library. Link. https://www.uofmhealth.org/health-library/uz2209. Last accessed on January 27, 2020.
13. John Hopkins Medicine Blog. Keep Your Brain Young with Music. Link: https://www.hopkinsmedicine.org/health/wellness-and-prevention/keep-your-brain-young-with-music. Last accessed on January 27, 2020.
14. Kay, Jonathan, The Invasion of the German Board Games. In: The Atlantic. 23.01.2018. Link: https://www.theatlantic.com/business/archive/2018/01/german-board-games-catan/550826/. Last

accessed on January 27, 2020.
15. Newport, Cal, Digital Minimalism: Choosing a Focused Life in a Noisy World. February 5, 2019.
16. Plans, David, We've Lost Touch with Our Bodies. In. Scientific American. February 5, 2019. Link: https://blogs.scientificamerican.com/observations/weve-lost-touch-with-our-bodies/. Last accessed on January 27, 2020.
17. Preidt, Robert, Volunteering May Make People Happier, Study Finds. WebMD. 23 August 2013. Link: https://www.webmd.com/balance/news/20130823/volunteering-may-make-people-happier-study-finds. Last accessed on January 27, 2020.
18. Santi, Jenny, The Secret to Happiness Is Helping Others. Time Magazine. August 4, 2017. Link: https://time.com/collection/guide-to-happiness/4070299/secret-to-happiness/. Last accessed on January 27, 2020.

에필로그 | 진정한 쉼을 향하여

1. Bregman, Rutger, Utopia for Realists and How We Can Get There. Back Bay Books; 27 Mar 2018.
2. Carrington, Damian, Climate emergency: world 'may have crossed tipping points'. In: The Guardian, 27 November, 2019. Link: https://www.theguardian.com/environment/2019/nov/27/climate-emergency-world-may-have-crossed-tipping-points. Last accessed January 27, 2020.
3. Cellan-Jones, Rory, Robots 'to replace up to 20 million factory jobs' by 2030. In: BBC, June 26, 2019. Link: https://www.bbc.com/news/business-48760799. Last accessed on January 27, 2020.
4. Coontz, Stephanie, The Way We Never Were: American Families and

the Nostalgia Trap. Basic Books; October 6, 1993.

5. Crabbe, Tony, Busy. How to Thrive in a World of Too Much. Piatkus; June 5, 2014.
6. Dell'Antonia, KJ, I refuse to be busy. In: The New York Times. April 3, 2014. https://parenting.blogs.nytimes.com/2014/04/03/i-refuse-to-be-busy/
7. Dockray, Heather, Self-care isn't enough. We need community care to thrive. In: Mashable. May 24, 2019. Link: https://mashable.com/article/community-care-versus-self-care/?europe=true&fbclid=IwAR3ARdQ3arlxdv02sQkK2XUfSJSlyYaYL1nyb06BtJZZQbM0xRQamuvrCE8. Last accessed on January 27, 2020.
8. Fishman, Noam and Davis, Alyssa, Americans Still See Big Government as Top Threat. In: Gallup blog, January 5, 2017. Link: https://news.gallup.com/poll/201629/americans-big-government-top-threat.aspx. Last accessed on January 27, 2020.
9. Glass, Jennifer, Parenting and Happiness in 22 Countries. In: Council of Contemporary Families. June 15, 2016. Link. https://contemporaryfamilies.org/brief-parenting-happiness/. Last accessed on January 27, 2020.
10. Hopkins, Rob, From What Is to What If: Unleashing the Power of Imagination to Create the Future We Want. Chelsea Green Publishing Co. 17 Oct 2019.
11. Khazan, Olga, Why Some Cultures Frown on Smiling. In: The Atlantic. May 27, 2016. Link: https://www.theatlantic.com/science/archive/2016/05/culture-and-smiling/483827/. Last accessed on January 27, 2020.
12. Kuipers Munneke, Peter, De vraag is niet óf Nederland onder water verdwijnt, maar waneer. In: NRC, July 13, 2018. Link: https://www.nrc.nl/next/2018/07/13/#120. Last accessed January 27, 2020.
13. Mecking, Olga The Polish Phrase that Will Help You Through Tough

Times. In: The BBC. 8 November 2017. Link: http://www.bbc.com/travel/story/20171107-the-polish-phrase-that-will-help-you-through-tough-times. Last accessed on January 27, 2020.

14. Mecking, Olga, Are the floating houses of the Netherlands a solution against the rising seas? In: Pacific Standard, August 21, 2017. Link: https://psmag.com/environment/are-the-floating-houses-of-the-netherlands-a-solution-against-the-rising-seas. Last accessed on January 27, 2020.
15. Pew Research Center, Majorities Say Government Does Too Little for Older People, the Poor and the Middle Class. January 30, 2018. Link. https://www.people-press.org/2018/01/30/majorities-say-government-does-too-little-for-older-people-the-poor-and-the-middle-class/?mod=article_inline. Last accessed on January 27, 2020.
16. Rankin, Jennifer, 'Our house is on fire': EU parliament declares climate emergency. In: The Guardian, November 28, 2019. Link: https://www.theguardian.com/world/2019/nov/28/eu-parliament-declares-climate-emergency. Last accessed January 27, 2020.
17. Ratcliffe, Glynis, Eco-Anxiety Isn't New, and It's Time to Deal with It. In: Asparagus Magazine, February 5, 2019. Link: https://medium.com/asparagus-magazine/eco-anxiety-climate-change-coping-treatment-cbt-72625b481f54. Last accessed on January 27, 2020.
18. Smedley, Tim, How shorter workweeks could save Earth. In: BBC. August 7, 2019. Link: https://www.bbc.com/worklife/article/20190802-how-shorter-workweeks-could-save-earth. Last accessed on January 27, 2020.
19. Wolff, Jonathan, Technology just makes us all busier. In: The Guardian, November 7, 2011. Link: https://www.theguardian.com/education/2011/nov/07/time-saving-technology. Last accessed on January 27, 2020.

20. Younge, Gary, In these bleak times, imagine a world where you can thrive. In: The Guardian, January 10, 2020. Link: https://www.theguardian.com/commentisfree/2020/jan/10/bleak-times-thrive-last-column-guardian?fbclid=IwAR0kVn237hquDraZQpZy7rLyn3xazUAh7dxIbvv2eMa4Kj3bCdqVAOGMNGg. Last accessed on January 27, 2020.

매일매일 정신없이 바쁘게 보내고 있는 사람들에게

닉센은 온전히 나로 있는 시간,

몸과 마음을 건강하게 충전하는 시간을 선물할 것이다.

옮긴이 이지민

책을 읽고 글을 쓰는 일을 하고 싶어 5년 동안 다닌 직장을 그만두고 번역가가 되었다. 고려대학교에서 건축공학을, 이화여자대학교 통번역대학원에서 번역을 공부했다. 현재는 뉴욕에서 두 아이를 키우며 번역을 하고 있으며 번역 에이전시 엔터스코리아와도 작업하고 있다. 『마이 시스터즈 키퍼』『망각에 관한 일반론』『아트 하이딩 인 뉴욕』『홀로서기 심리학』『가와시마 요시코』『호기심의 탄생』 등 50권가량의 책을 우리말로 옮겼으며 저서로는 『그래도 번역가로 살겠다면(전자책)』『어른이 되어 다시 시작하는 나의 사적인 영어 공부(전자책)』가 있다.

아무것도 하지 않는 시간의 힘

생각 끄기 연습

초판 1쇄 인쇄 2021년 7월 7일
초판 1쇄 발행 2021년 7월 14일

지은이 올가 메킹
옮긴이 이지민
펴낸이 김선식

경영총괄 김은영
기획편집 임소연 **디자인** 황정민 **책임마케터** 최혜령
콘텐츠사업4팀장 김대한 **콘텐츠사업4팀** 황정민, 임소연, 박혜원, 옥다애
마케팅본부장 이주화 **마케팅1팀** 최혜령, 박지수, 오서영
미디어홍보본부장 정명찬 **홍보팀** 안지혜, 김재선, 이소영, 김은지, 박재연, 오수미, 이예주
뉴미디어팀 김선욱, 허지호, 염아라, 김혜원, 이수인, 임유나, 배한진, 석찬미
저작권팀 한승빈, 김재원
경영관리본부 허대우, 하미선, 박상민, 권송이, 김민아, 윤이경, 이소희, 이우철, 김혜진, 김재경, 최완규, 이지우
외부스태프 교정교열 신혜진

펴낸곳 다산북스 **출판등록** 2005년 12월 23일 제313-2005-00277호
주소 경기도 파주시 회동길 490 다산북스 파주사옥 3층
전화 02-702-1724 **팩스** 02-703-2219 **이메일** dasanbooks@dasanbooks.com
홈페이지 www.dasanbooks.com **블로그** blog.naver.com/dasan_books
종이 (주)아이피피 **인쇄·출력** 한영문화사 **코팅·후가공** 평창 P&G

ISBN 979-11-306-3981-9 (03190)